정연순 에세이

바람에 흔들리는
나뭇잎 한 장에도

바람에 흔들리는 나뭇잎 한 장에도

지은이 · 정연순
펴낸이 · 유재영, 유정용
펴낸곳 · 주식회사 동학사

1판1쇄 · 2025년 8월 5일
출판등록 · 1987년 11월 27일 제10-149

주소 · 04083 서울 마포구 토정로53 (합정동)
전화 · 324-6130, 324-6131 | 팩스 · 324-6135
E-메일 | dhsbook@hanmail.net
홈페이지 | www.donghaksa.co.kr
　　　　　　www.green-home.co.kr

ⓒ 정연순, 2025

ISBN 978-89-7190-913-3 03810

※ 저자와 협의에 의해 인지를 생략합니다.
※ 잘못된 책은 바꾸어 드립니다.

정연순 에세이   **바 람 에   흔 들 리 는   나 뭇 잎 의   향 기 에 도**

Essay by Chung Yeon Soon

동학사

〈책을 내면서〉

그 사랑의 언어 빙그레

함께 있어주는 것이 사랑이라고 하지요. 성체조배를 하거나 묵상을 하거나 무언가 골똘히 생각할 때도, 길을 가면서도 떠올리기만 하면 언제 어디서나 주님은 빙그레 저와 함께 계십니다. 혹독한 병고 중에도 사무치는 외로움과 불덩이 같은 울분의 때에도 그 사랑의 은어, 빙그레를 기억하기만 하면 눈앞이 환해지고 더 바랄 게 없이 든든합니다.

타이르심과 위로와 연민, 칭찬도 격려도, 용기와 희망도 빙그레 말씀하십니다. 내 큰 탓을 알아내도록 기다려주실 때에도 그렇습니다. 그럴 때마다 사랑받고 있다는 믿음으로 자존감이 차오릅니다. 뿌듯합니다. 초등학교 3학년 때 그 느낌을 알게 된 후로 여태껏 변함이 없습니다.

저도 빙그레 해봅니다. 해보면 입을 다스릴 여유가 생기고 생각이 깊어집니다. 긍정과 이해의 실마리가 풀리고 평화가 차오릅니다. 평화는 축복입니다. 그러나 분노나 배신감 실망 같은 격렬한 감정이 덮칠 때는 충격에 휩쓸려서 아무 생각이 없어지고 맙니다. 그럴수록 함께 계시는 주님을 먼저 깨달아야 하는데 저는 번번이 타이밍을 놓치고 괴로워합니다.

저는 얼마나 나약한지요. 기도 말고는 빙그레를 알아들을 길이 없습니다. 그래서 기도합니다. '주님! 지금 저와 함께, 또한 영원히 자비를 베푸소서.'

2025년 8월

정연순 에우푸라시아

ESSAY by Chung Yeon Soon | 정연순 에세이
바람에 흔들리는 나뭇잎 한 장에도 | CONTENTS

1

- 01 다이아 반지 ········· 13
- 02 사과 한 알 빵 한 개 ········· 15
- 03 사랑이 뭐길래 ········· 19
- 04 겨자씨요? ········· 22
- 05 세실리아네 배추 ········· 25
- 06 나만 아는 일 ········· 28
- 07 아이처럼 엉엉 울었죠 ········· 31
- 08 성탄절 연극놀이 ········· 34
- 09 마음 따로 몸 따로 ········· 39
- 10 이제로부터 영원히 ········· 42
- 11 고소공포증 분투기 ········· 45
- 12 골목풍경 ········· 49
- 13 그 산에 뱀이 살았네 ········· 54
- 14 날치기 ········· 58

2

01 엄마야! 진짜요? ……………………… 65
02 우리 할머니 ……………………… 69
03 빙그레 첫 경험 ……………………… 73
04 주님! 어쩌시려고 이러세요? ……………………… 75
05 이등병의 편지 ……………………… 79
06 다 잘 할 수는 없잖아 ……………………… 82
07 놓친 기회는 다시 오지 않고 ……………………… 85
08 나는 당신의 요양보호사 ……………………… 87
09 아주 특별한 선물 ……………………… 90
10 가시에 꽃을 피우랴 ……………………… 93
11 둥근 하루 ……………………… 98
12 바다사자가 산에서 자는 까닭은 ……………………… 102
13 상상과 기억의 콜라보 ……………………… 107
14 손톱의 발견 ……………………… 111

3

01 어머님의 유산 ················· 119
02 어디다 대고 기도해? ············ 123
03 어떤 생일치레 ················· 126
04 폐암에 걸린 이유 ··············· 129
05 두 분 참 보기 좋아요 ············ 132
06 부모 돼봐야 부모 속 안다 ········ 135
07 나는 젬병이니까 ················ 138
08 나의 애착치마 ·················· 142
09 행운을 선물하는 사람 ············ 145
10 평화를 빕니다 ·················· 148
11 신호 읽기 ······················ 151
12 아리랑 ························· 156
13 좌부랑개 ······················· 161

4

01 마무리 3종 세트 ·················· 169
02 그리고 남겨진 것들 ·············· 172
03 포니2로부터 ······················ 175
04 마음의 빚이 있습니다 ·········· 180
05 팁 ···································· 183
06 단풍잎이 말했습니다 ··········· 187
07 신장개업 엄마네 이발소 ······· 191
08 내 주먹을 믿어야지 ············· 194
09 딸 키우는 재미?? ················ 196
10 향기 가득한 길 ··················· 199
11 전철에서 ··························· 202
12 약손 친구 ·························· 204
13 새해 복 많이 받으세요 ········· 207

ESSAY by Chung Yeon Soon

다이아 반지

갓 새댁 때였습니다. 봄비에 바람까지 불어서 으스스 추웠어요. 바바리코트 깃을 세우고 산책을 나갔어요. 내 멋에 겨워 한껏 낭만을 즐기며 걸었죠. 제가 사는 데는 도시외곽에 있는 회사 사택이라 인적이 드물어서 더 좋았어요. 걷다보니 꽤나 멀리 떨어진 울산 시내 시장통에 들어섰습니다.

큰 약국 처마 밑에 아주머니가 비를 피하며 서 있었습니다. 업은 아기를 달래는 눈빛이 간절했습니다. 춥고 초조해 보였습니다. 발 앞에 놓인 고무 다라이에 고등어 네 마리가 누워있었습니다. 눈이 새파랗고 팔뚝만한 몸통에 파도 무늬가 선명했습니다.

업힌 아기가 앞을 내다보면서 칭얼대더군요. 푸르죽죽한 콧물을 입술에 베물고 눈물이 그렁그렁 감기가 심한 것 같았어요. 아기도 엄마도 따뜻한 방으로 어서 돌아가게 하고 싶었습니다. 고등어를 가지고 뭘 만들 생각도 없이 대뜸 물었습니다.

"어떻게 파세요?"

그 순간이었습니다. 아기 엄마의 눈과 내 다이아 반지에서 나는 광채가 부딪쳤습니다. 날카로운 무언가에 찔린 것처럼 아파하는 아기 엄마의 눈빛을 분명히 보았습니다. 검게 탄 얼굴이 돌처럼 굳는 것도 보았습니다. 그 아픔이 진심으로 안타까웠습니다. 너무 당황해서 얼른 다이아를 손바닥으로 돌렸습니다. 말이 떠듬떠듬 제대로 되지 않았습니다.

"네 마리 다 주세요."

"예? 이걸 다요?"

지폐 한 장을 드리고 도망치듯이 멀어졌습니다.

"새댁! 잔돈이요. 잔돈요!"

소리치는 아기 엄마를 돌아보며 손을 흔들었습니다. 마치 그 일을 하러 멀리 걸어 온 것 같았습니다. 바다 빛깔 등 푸른 고등어 네 마리가 검은 비닐봉지 안에서 덩더꿍 춤을 추는 것 같았어요. 제 마음이 푸른 바다처럼 기쁨으로 뛰었습니다. 고등어가 묵직해서 손가락이 아팠습니다.

그때 알았습니다. 나도 모르는 사이, 의도하지 않아도 나의 무엇이 다른 사람을 아프게 할 수 있다는 것을요. 그 후로 보석은 물론이고 명품이나 사치를 되도록 멀리하였습니다. 그것이 나를 자유롭게 하였습니다. 주님께서 주시는 평화를 감사히 받았습니다.

그날 일이 떠오를 때마다 아주머니 가족을 위하여 아기를 위하여 화살기도를 올립니다. 주님께서 빙그레 들어주십니다.

ESSAY by Chung Yeon Soon

1

사과 한 알 빵 한 개

산티아고 데 콤포스텔라 순례 출발 하루 전날 이었습니다. 파리의 오스트리치역에서 밤기차를 타고 아침에 프랑스 국경도시인 바이욘역에 내렸습니다. 대부분 배낭을 짊어진 젊은 순례객이라 대합실은 활기가 넘쳤습니다. 밤기차의 피로쯤 젊은 패기로 날려버리는 모양이었어요. 다들 설레는 모습인데 유독 한국 젊은이 한 사람이 넋을 놓고 앉아 있는 겁니다. 안색이 말이 아니었어요.

"어디 아프세요? 멀미 한 거예요?"

"지갑도 핸드폰도 다 날치기 당했어요. 루브르박물관인지 어디서 없어졌는지도 모르겠어요."

이런 낭패가 있을까요. 순례는 아직 첫걸음도 떼지 않았는데 말입니다. 강도를 만나 쓰러져 있는 나그네를 만난거지요.(루카 10,30-35) 사과 한 알과 크루아상 한 개를 주었습니다. 가진 게 그것 밖에 없어서 미안하지만 우선 기운을 차려야 할 것 같아서요. 사과를 한 입 깨물면서 그녀가 눈물을 주르륵 흘리더군요. 살다보면 별거 아닌 것이 절실할 때도 있지요. 어제 저녁부터 아무

것도 먹지 못했답니다.

  순례길의 출발점인 생장 피에드포르까지 가는 버스는 두 시간 남짓 기다려야 했습니다. 그녀는 서울에서 직장을 옮기는 과정에서 틈을 얻어 벼르던 길을 떠났는데 시작부터 일이 꼬인다며 낙담이 이만저만 아니었어요. 당연히 핸드폰을 빌려주었죠. 맘 놓고 쓰라면서요. 분실카드 신고며 재발급 같은 급한 일들을 해결하고 묻더군요. 우선 연락처로 우리 전화를 알려줘도 되겠느냐고요. 그 또한 당연한 일이었죠.

  생장 행 버스표를 사서 쥐어주었습니다.

  "도와주시라고 예수님께 기도할게요. 신자 아니라도 괜찮아요. 그냥 예수님께 말씀드려보세요."

  생장에 도착했습니다. 이제부터 스페인 땅입니다. 숙소에서 방을 배정받고 로비에 갔습니다. 그녀와 같이 저녁 먹을 생각이었죠. 또래 한국 청년 셋과 그녀가 왔습니다. 표정이 한결 밝아졌습니다. 평생 은혜 잊지 않겠다면서 당분간 그 친구들에게 신세를 지겠다고요. 좋은 생각이었지요. 순례길은 걷는 속도도 체력도 예정날짜도 다르니까 젊은이가 나이든 사람과 보조 맞추기가 어렵거든요.

  론세스바에스 산티아고 성당에서 8시에 순례 첫 미사를 드렸습니다. 순례자들을 위한 축복미사입니다. 에스파냐 말로 드리는 미사지만 세계 어디를 가나 전례가 같으니 우리말로 해도 리듬과 길이가 비슷해서 좋습니다. 외국에서 미사드릴 때마다 가톨릭교회가 하느님 안에 하나라는 걸 실감하며 감사드리지요. 신부님께서 순례자들 모두에게 안수와 강복을 주셨습니다.

주님! 이 길에서 만나는 모든 사람과 풍경에서 그리스도 예수님을 뵈옵게 하소서. 길이 말하고 저는 오롯이 듣는 겸허한 길손이게 하소서.

순례 5일째였습니다. 그날은 22km를 걸어서 에스텔라 라고 하는 시골마을에 도착했습니다. 간밤에 막강한 코골이 남자 때문에 잠을 못자서 엄청 힘들었죠. 순례자 숙소인 알베르게는 개방된 공간이라 피할 도리가 없습니다. 종일 아무데나 드러눕고 싶었어요.

숙소에서 7시에 미사가 있다는 안내문을 보고 서둘러 저녁거리를 사러 나왔다가 시에스타에 걸려 허탕을 치고 공원벤치에서 눈을 붙였습니다. 기진맥진한 채로 앞서 간 순례자들이 남겨놓은 것들로 스파게티를 만들어 조금씩 먹고 성당으로 갔습니다.

미사를 드리고 강복을 받고 나오는데 맨 뒷자리에서 뜻밖에 그녀가 기다리고 있다가 폭 안겨오는 겁니다. 너무나 반갑고 고마웠습니다.

"계속 앞서 가면 다시 못 뵐 것 같아서 오신다는 말 듣고 여기서 하루를 기다렸어요. 어제 점심때 공원에서 젊은이들한테 바게트랑 소시지랑 파프리카랑 있는 거 다 먹이셨다면서요. 개네들은 아침에 떠났어요. 이 마을 알베르게 네 군데를 다 뒤지고 아랫동네 성당에도 가봤어요. 거기서 이 성당에 7시 미사 있다는 걸 알았죠. 틀림없이 여기 계실 거라 믿고 올라왔는데 역시 계시네요. 성당에서 미사 드리는 구경도 처음이고 느긋이 앉아서 이리 많은 것을 생각한 것도 처음 이예요."

 얼마나 고맙던지요. 감격스러웠습니다. 어찌어찌 핸드폰을 구해서 이제 혼자 움직일 수 있게 되었다고 하더라고요. 카페에 들어가서 뭐라도 먹자니까 10시가 알베르게 소등시간이라 돌아가야 한다는 겁니다. 그 사정은 우리도 마찬가지고요. 숨 막히는 허그를 하고 손을 흔들었습니다. 부엔 까미노!

 어느 신부님의 강론말씀이 생생했습니다.

 "만만한 사람이 되십시오. 누구나 무슨 일이나 품어주고 들어주고 베풀어주고 부드럽고 친절하게 대하십시오. 그런 사람은 늘 가까이에 사람이 많아서 외롭지 않습니다."

 누군가의 그 사람이 되어주는 일은 작고 평범한 일인 것 같습니다.

ESSAY by Chung Yeon Soon

1

사랑이 뭐길래

   본당에서 그 부부를 모르는 이가 없을 겁니다. 궂은일 일수록 앞장서서 헌신하는 데다 두 아들이 복사라서 모범적인 성가정이 었거든요. 규모가 작은 본당이라 교우들이 가족 같아서 본당은 늘 웃음이 피는 꽃마당이었죠.

   그 부부님이 ME주말 피정을 다녀오신 날이었습니다. 환영 겸 소감을 듣느라고 몇몇이 주회 방에 모였습니다. 두 분 다 얼굴에 기쁨이 한가득이었어요.

   "우와! 꿀이 뚝뚝 흐르네. 진짜 좋았나봐. 얘기 좀 해보쇼."

   "예. 정말 좋았습니다. 새로 태어난 거 같아요. 하느님도 성모님도 우리 곁을 지켜주시는 걸 확실히 알았거든요. 근데 집사람이 한글을 모르고 살았다는 걸 이번에 알았어요. 큰 애가 초등학교 6학년인데 그동안 얼마나 힘들었을까, 마음이 찢어져요. 사랑이 뭐길래. 진짜. 이렇게 마음이 아픈지…. 기도문도 성가도 줄줄 외우고 그러니까 그런 줄은 전혀 몰랐지요. 사는데 별 불편도 없고요. 피정 중에 나한테 고백을 하는데요. 집사람이 그때만큼 예쁜 적이 없었던 거 같아요. 천사 같더라니까요. 이참에 내가 마눌님 선생 하기로 했습니다. 허 허."
　형제님이 커다란 주먹으로 눈물을 훔쳐가면서 이야길 하는데 울먹이던 자매님이 밖으로 뛰쳐나가더라고요. 자매들이 뒤따라 나갔어요. 형제님은 형제님들이 안고 등을 토닥이고 자매님은 자매님들이 보듬고 다독이고요. 그 밤에 거하게 한 잔들 했습니다.
　다음 날 네 식구를 모아 놓고 아버지가 말했다지요.
"네가 이 말씀 읽어볼래?" (고린토13,7)

　사랑은 모든 것을 덮어 주고 모든 것을 믿으며 모든 것을 바라고 모든 것을 견디어 냅니다.

"그래. 아빠가 엄마 억수로 사랑하는 거 알지? 응 그래. 엄마는 육이오 한국전쟁 때 부모님을 다 잃고 휴전선 부근 친척집에서 컸어. 친척집이 너무 가난하고 또 워낙 깊은 산골이라 초등학교를 다닐 수가 없었던 거야. 아빠가 전방에서 장교로 근무할 때 엄마를 만나서 사랑하고 결혼하고 너희들을 낳은 거야. 알아들었지?
　그러니 엄마가 글을 배울 기회가 없었지. 아빠도 이번 피정 때 엄마가 말해줘서 알았어. 정말 고맙더라. 진짜 엄마가 천사 같더라니까. 엄마가 그동안 얼마나 힘들었겠니? 우리가 엄마를 도와줘야 되겠지? 그치. 이제부터 아빠가 엄마 선생할 거야. 엄마는 학생이고."
　다음 날부터 수업이 시작되었답니다. 본당 교우들이 두 분이 하던 봉사를 대신 하면서 응원했어요. 저녁 7시30분부터 9시30분까지, 중간에 간식 먹고 20분 휴식. 텔레비전은 멀어지고 아이들도 꼼짝 없이 공부하고 책 읽고 하더니 성적이 쑥쑥 올랐다지요.

자매님은 다섯 달 만에 초등검정고시 치르고 2년 후에 중등검정고시에 합격했습니다. 그즈음 저희는 서울로 떠나왔습니다. 3년 후에 고등검정고시 합격 했다는 소식이 오더니 이듬해 아이들이 둘 다 신학교에 들어갔다는 소식도 왔습니다.

사랑이 뭐길래! 진짜. 사랑은 함께 아파하는 것 아닐까요? 사람이 아름다운 건 사랑할 줄 알기 때문이라 생각합니다.

04
ESSAY by Chung Yeon Soon
1

겨자씨요?

봄에 울산에서 경주까지 해파랑 길을 걸었습니다. 울산은 50여 년 전 신접살림을 차렸던 도시입니다. 남편 직장의 사택이었죠. 사택은 소문이 빠르고 뒷담화도 많고 시샘도 여간 아니어서 매우 조심스럽습니다. 반면에 회사가 주택은 물론 부대시설을 제공하고 관리도 하고 외부로부터 보호도 해주는 특별한 환경입니다.

지금의 울산은 대도시로 변모해서 발길 닿는 곳마다 놀라움의 계속이었습니다. 여행을 계획할 때부터 울산 가면 사택에 같이 살던 아네스에게 전화를 해보리라 했습니다. 식사대접을 하고 싶은데 뜻대로 될는지 했는데 해가 뉘엿뉘엿 하니까 더 보고 싶은 거예요. 전화 목소리를 단번에 알아듣고 얼마나 반가워하는지, 당장 어디어디로 나오겠다는 겁니다. 20여km를 걷느라 다리에 돌덩이 매단 거 같더니 새로 힘이 솟아났습니다. 사람의 정에는 신비한 힘이 있나 봅니다.

카페에 마주 앉았습니다. 가슴으로 피워내는 이야기꽃이 향기롭기 그지없었습니다. 35년 시간을 단숨에 건너 매일 만난 것 같앉죠. 서로의 기억이 더해져 케케묵은 기억도 새것처럼 재생되었습니다.

"처음 나랑 셋이서 성당반모임을 했지요. 반장인 나하고 미사참례 하는 자매님 한 명에 쉬는 신자 한 명. 시작기도 성경읽기 말씀 나눔 그리고 마침기도 했던 거 같아요. 구경 가도 되냐고 아래층 아이엄마가 묻기에 기꺼이 오라고 했죠. 그런데 그이가 우리가 하는 걸 보고 있다가 '흥! 귀에 걸면 귀걸이 코에 걸면 코걸이지 뭐.' 하고 초를 치는 겁니다. 그래도 빙그레. 다음에도 꼭 오라며 웃었죠. 5년 후에 우리가 서울로 떠날 때는 매주 수요일마다 하는 반모임에 12명 정도가 모였어요. 레지오 쁘레시디움도 생기고요."

"우리 부부도 자기 이사 가고 얼마 안 있다가 세례 받았잖아요. 우리 남편 고집 센 거 알지요? 처음에는 펄쩍 뛰더니만 내가 자꾸 자기네 들먹이면서 얘기하니까 따라나서데요. 초만 치던 그이네도 지금은 부산에서 부부가 레지오도 하고 연령회도 하잖아요. 우리는 아직 발바닥 신자고요. 하하. 자기 떠난 뒤로 세례 받은 사람이 열 명 훨씬 넘어요. 연결연결 해가지고 사택에 신자가 꾸준히 늘더라고요. 자기 서울 이사 간 후에 제일 먼저 세례 받은 건 지영이네고요."

"지영이네는 내가 수술 받으러 서울 오르내리며 입퇴원을 반복하는 동안 아이들이 유치원생인데 엄마가 죽으면 어떡하나, 걱정을 많이 했대요. 그런데 네 식구가 일요일마다 성당 간다며 룰루랄라 신나게 나가더랍니다. 우환 있는 집 같지 않더래요. 이상하다 싶어 우리 가족에 대해서 연구를 했대요. 성당 다니는 게 답이

더래요. 지영이네 가족이 다 세례 받았다는 소식은 진즉 들었죠. 지영이 엄마는 5년 전에 돌아가시고 지영이 아빠한테서는 카톡으로 지금도 매일 묵상이 와요."

"자기네 진짜 겨자씨야."

"겨자씨요?"

사는 대로 그냥 살았을 뿐인데 겨자씨라니 당황스러웠습니다. 덥석 받기는 부끄럽고 사양하기에는 아까운 선물 같았습니다.

겨자나무를 본 적이 있습니다. 이스라엘 히브리 대학교 부근에서 였습니다. 복음(마태오13,32)에 나오는 대로 크고 당당하고 풍성해서 그늘이 짙더라고요. 참깨보다 작은 씨에서 그렇게 큰 나무가 자라다니 그야말로 경이롭더군요. 자잘한 잎이 어찌나 무성한지 나무에 기대앉아 쉬다보면 누구라도 새 기운과 여유를 찾을 것 같았어요. 푸른 잎 다섯 장을 잘 말려서 친구들 나눠주고 한 장 있어요. 그걸 보면서 말씀을 묵상하기도 해요.

카페 종업원이 문 닫을 시간이래요. 우리 언제 또 볼 수 있을까? 아침 일찍 해파랑 길 떠나야 하니까 허그를 나누고 헤어져 숙소로 돌아왔습니다.

새벽에 누가 방문을 두드려요. 세상에나! 아네스가 아침밥이라며 한상을 차려 온 겁니다. 더운밥이며 보온병에 국이며 반찬이랑. 걸으면서 먹을 별별 간식에 갓 구운 빵까지. 문 밖에서 그걸 손에 쥐어주고 후다닥 돌아서는 겁니다. 완전 감동 먹었죠. 그걸 만드느라 밤을 새웠을 아네스 뒷모습에 성호를 올렸습니다. 주님께서 빙그레 끄덕이시는 것 같았습니다.

ESSAY by Chung Yeon Soon

1

세실리아네 배추

김장 무렵이었습니다. 강원도 오지 여행길에 공소를 보고 반가워서 들어갔습니다. 마침 자매님 한 분이 계시다가 평소에는 비어있는데 잘 됐다며 차 대접을 하시더라고요. 고향집 같았어요. 자매님이 배추 안 필요하냐고 묻기에 김장은 아직 더 있다 할 거라고 했죠.

"세실리아네 배추밭을 내일 갈아엎는대요. 내다팔면 인건비며 운반비며 더 손해랍니다. 여기까지 오셨는데 가지고 가시면 좋죠. 너무 아까워서요."

뉴스에서 중장비로 배추밭을 갈아엎는 광경이며 반울음으로 인터뷰하는 농부의 말도 들었지만 직접 현장을 만날 줄은 미처 몰랐지요. 이웃에 나누어주리라 맘먹고 자매님을 따라나섰습니다.

고랭지 비탈에 짙푸른 배추들이 한 아름씩 제 속을 껴안고 끝도 없이 줄을 서 있는 거예요. 이걸 갈아엎다니! 농사지은 세실리아 씨 속은 오죽할까. 피땀이 허망으로 끝나다니요. 전화를 받고 나온 세실리아 씨 얼굴이 말이 아니었습니다. 저에게서 도시 티가 나는 것이 민망해서 저절로 공손해지더라고요.

"얼마든지 가지고 가세요. 내일이면 다 거름될 건데요. 뭐."

차마 손을 못 대고 쭈뼛거리니까 세실리아 씨가 낫으로 배추 뿌리를 쓱 자르고 겉잎을 떼고 트렁크에 실어주는 겁니다. 그중 한 포기를 거꾸로 세워서 뿌리 한가운데 칼날을 넣더군요. 배추가 쩌억 돌쩌귀 소리를 지르면서 쪼개졌습니다. 배추의 환한 두 얼굴에 세실리아 씨가 바친 열심이 노랗게 꽉 차 있었습니다. 그런데 거름이라니요.

이만 됐다고, 충분하다고 해도 기어이 트렁크를 채우고 실한 무도 배추 옆에 눕히는 겁니다. 남편이 지갑을 다 털어 쥐어주면서 말했습니다.

"세실리아 씨! 고맙습니다. 잘 먹겠습니다. 배추는 그냥 얻어가는 거고요. 이건 저희가 드리는 사랑입니다. 받아주세요. 고맙습니다."

세실리아 씨 눈에서 눈물이 주르륵 흘러내렸습니다. 가두었던 눈물샘이 터진 것 처럼요.

"아녜요. 안 이러셔도 돼요. 정말이에요. 버리는 거 드리는 건데요."

세실리아 씨가 열린 차창으로 돈을 던져 주었습니다. 얼른 주워서 돈을 꼭 접어서 차창 밖으로 던지고 손을 흔들며 떠났습니다.

집으로 오는 길에 친한 집마다 전화를 걸었습니다. 지금 이러이러한 배추를 가지고 가는 중이라고요. 그 밤 곧장 이웃을 돌면서 배추를 나누어주었습니다. 꼽아보니 아홉 집이었어요. 자정이 훨씬 넘어 집에 들어갔습니다. 다음 날 새벽에 학교에 가야해서 미룰 수가 없었거든요.

성당반모임에서도 레지오주회에서도 세실리아 씨 배추 이야기를 하고 기도하였습니다.

06

ESSAY by Chung Yeon Soon

1

나만 아는 일

    테니스를 치다가 사고가 났습니다. 바람이 좀 불었지만 매일 그 시간에 하던 운동이라 별 생각 없이 코트에 들어갔죠. 가볍게 랠리를 계속하는데 훅 회오리 모래기둥이 시야를 가리는 겁니다. 눈을 부릅뜨고 공을 좇아가는 순간 나뒹굴고 말았습니다. 기절할 만큼 아팠어요. 주님! 주님! 아파요. 아파요. 도와주세요. 어떡해요.

    구급차로 서울 성모병원 응급실에 갔습니다. 사진에는 오른쪽 쇄골이 부러져 1cm나 어긋나 있었습니다. 의사가 베드 위에 양반자세로 앉으라고 하더니 가위로 윗옷 가운데를 쓱쓱 자르는 겁니다. 가위 끝이 목을 찌를 것 같았습니다. 그리고는 등 뒤로 넝마가 된 옷을 걷어냈습니다. 어이없고 자존심 상하고 수치스럽지만 별 수 없잖아요.

    덩치 실한 의사 한 명은 뒤에서 내 허리에 무릎을 대고 양손으로 어깨를 뒤로 잡아당기고 다른 한 명은 내 앞에 무릎을 꿇고 앉아서 하나 둘 셋 구호에 맞춰 동시에 어깨를 뒤로 미는 겁니다. 몇 번을 반복하는 동안 고통이 극에 달했어요. 통점 말고 신체의 다른 부분은 없는 것 같았어요. 죽을 것 같았죠. 숨이 막혔어요. 주님! 주님! 얼마나 애타게 찾았던지 내 안에 주님만, 주님만 가득했어요.

그런 어느 순간 고통이 싹 사라졌어요. 티 없이 맑고 가없이 넓은 품에 안겨서 마냥 편안했어요. 언젠가 노고단에서 천왕봉 사이가 운해로 가득한 것을 보면서 '아! 저기 누워봤으면, 죽지 않을 것 같아.' 했던 바로 그 운해 속 같은데 빛으로 가득했습니다. 무게감이 전혀 없는 무량한 운해 속에 드러누운 나의 전체가 환하게 피어나는 것 같았습니다. 주님의 빙그레 그것이 세상 전부였습니다. 주님! 감사합니다. 감사합니다. 저랑 계셨네요. 그럴 줄 알았어요. 천국이다. 진짜 행복하다. 죽을 때도 이렇겠구나. 우와 좋다. 갓난아기처럼 배냇짓을 하는 내가 느껴졌습니다.

의사는 뺨을 때리면서 정연순 씨! 정연순 씨! 숨 가쁘게 부르고 간호사는 혈압을 재고 정형외과 과장한테 전화를 하고 난리 났어요. 그런 상황을 훤히 알겠는데 입술이 딱 붙어서 말이 안 나오는 겁니다. 예. 한마디면 될 걸 뺨을 맞으면서도 입술이 떨어지질 않았습니다.

완전 딴 세상에서 시간이 얼마나 지났는지 모르겠어요. 나도 모르게 '예' 대답이 터져 나오더라고요. 비상상황 끝. 쇄골에서 어깨와 잔등을 지나 겨드랑이 앞으로 X자로 압력붕대를 단단히 하고 입원실로 올라갔습니다. 싱글벙글. 내가 누구랑 있는지 모르지요? 막 소리치고 자랑하고 싶더라고요.

그 일을 수년 동안 마음에만 두고 있었습니다. 생각만 하면 빙그레 그 느낌이 선연하고 기쁘고 든든하고 행복했지만 그럴수록 가볍게 아무한테나 말하고 싶지 않았습니다. 왜곡이나 각색이 염려스러웠습니다.

한참 후의 일입니다. 존경하는 신부님을 뵙고 이런저런 이야기를 나누는 중에 문득 말씀드리고 싶어졌습니다. 신부님께서 잘 들어주셨습니다. 신부님 말씀대로 담담하게 글로 써서 작품집을 통해 발표를 했습니다. 지금도 여전히 입은 다물고 있습니다.

나만 아는 일입니다. 주님께서 함께 하심을 아는 것은 참 든든하고 행복한 일입니다.

07

ESSAY by Chung Yeon Soon

1

아이처럼 엉엉 울었죠

　레지오 활동으로 서울시립병원에 갔습니다. 18세 남자 동상환자를 맡게 되었습니다. 무연고 행려환자들 병실의 문을 열자 고약한 냄새가 덮쳤습니다. 들이쉰 숨을 토해내고 싶었습니다. 전혀 예상하지 못한 일이었습니다. 손수건으로 코를 막거나 싫은 내색을 해서는 안 될 것 같았습니다. 주님, 주님 어떡해요. 다급했어요. 개코에 버금가는 내 코가 얄미웠어요.

　8인용 병실의 환자 대부분이 동상 환자입니다. 부러진 마네킹들을 모아놓은 것 같았습니다. 기이하고 섬뜩했습니다. 창가 침대에 소년이 있었습니다. 햇빛이 소년을 덮고 있었습니다. 소년은 천정만 보고 있더군요. 엄청 야위고 창백했어요. 이불 속 몸이 짧고 뭉툭해요. 동상으로 양쪽 무릎 아래를 잃은 겁니다.

　의자를 놓고 가까이 앉아도 텅 빈 눈빛으로 한 번 쓱 보더니 눈길을 거두어서 다시 천정을 응시하더군요. 고통과 슬픔과 불안의 기억을 천정에 매달아놓은 것 같았습니다. 실처럼 목에 걸려있는 까만 때가 소년의 그리움과 외로움 같았습니다. 먹먹했습니다.

언제쯤 희망을 볼 수 있을지 막막하기도 했습니다.

  손을 잡고 기도를 하려고 호흡을 가다듬는데 역겨운 냄새가 관자놀이를 날카롭게 찌르면서 머리가 띵 아프더라고요. 언젠가 장마 때 가락시장에 갔다가 채소 썩는 냄새가 역겨워서 코를 틀어막고 돌아선 적이 있는데 그것과는 비교도 안 되게 지독했어요. 지면 안 되죠. 성모님! 성모님!

  따뜻한 물수건을 여러 번 헹궈가며 소년의 얼굴이며 목이며 팔이며 닦을 수 있는 데는 다 닦아주었습니다. 엄마 같았는지 순둥순둥 협조를 잘 하는 거예요. 쇄골이며 어깨뼈도 날개뼈도 앙상하게 드러났어요. 손을 잡고 기도를 드리고 잠시 가만히 서로를 느꼈어요. 한결 눈빛이 맑아진 것 같았어요.

  다음에 올 때 마련해야 할 것들을 기억하며 집에 돌아왔습니다. 냄새는 다 잊어버리고 저녁식사를 차렸습니다. 식구들이 둘러앉아 식사 전 기도를 하고 막 숟가락을 들 때였습니다. 코끝에 병실에서 맡았던 그 냄새가 확 끼치는 겁니다. 웩!

  벌떡 화장실로 달려가서 변기에 대고 웩웩 토했습니다. 눈물 콧물 범벅이고요. 바닥에 퍼질러 앉아서 엉엉 떼를 쓰면서 울었어요. 어리광도 섞이지 않았나 싶습니다. 서럽더라고요. 주님께서 깜빡 저를 잊어버리신 거 아닐까 했으니까요.

  모레 그 아이한테 간다고 약속했는데 어떡해요. 냄새 진짜 지독해요. 숨을 못 쉬겠다니까요. 함께 해주세요. 꼭이요.

  소년에게 필요한 것들을 챙겨서 병원으로 가는 내내 묵주기도를 드리면서 걸었습니다. 병실 앞에서 심호흡을 하고 마음준비로 성호를 올리고 문을 열었습니다. 그런데 말입니다. 악취를 견디고 참을 필요가 없었습니다. 느낄 수조차 없었으니까요. 빙그레 주님 현존을 느끼는 건 얼마나 기쁜지요. 세상이 온통 제 것 같았습니다.

  그 냄새는 지금도 기억을 합니다. 어떻게 표현할까. 여러 낱말들을 생각해 보지만 다 아닌 것 같아요. 명색이 작가라면서 말입니다.

08

ESSAY by Chung Yeon Soon

1

성탄절 연극놀이

대림절이 오면 기대와 설렘이 차오르지요. 아이들이 어릴 적 그즈음은 우리 가족들이 총 출연하는 연극의 막을 올리는 때이기도 했습니다.

첫 공연은 아이들이 네댓 살 말을 알아들을 때쯤 시작되었습니다. 트리를 만들면서 산타할아버지 이야기를 해주었습니다. 아주 먼 눈 나라 숲에 사는 할아버지의 이름은 산타크로스. 착한 아이한테는 해마다 크리스마스 선물을 주실 거라고 말이죠. 두 녀석이 눈이 초롱초롱 호기심에 차서 성탄절을 기다리더군요. 몇 밤 남았나, 묻고 또 묻고요.

성탄절 아침에 트리 아래 놓인 선물을 보고 산타할아버지가 주신 거라면서 엄청 좋아해요. 포장에다 산타 스티커를 붙였으니까요. 아빠 엄마가 준 선물은 뒷전이더라고요. 착한 아이라서 상을 받았다는 게 어린 마음에도 뿌듯한 것 같았어요. 이때만 해도 배우는 우리 내외 두 사람, 아이들은 깍두기였습니다.

해마다 크리스마스트리를 만들었습니다. 조립식 전나무에 금

방울 은방울 별 눈꽃 같은 장식을 달고 스위치를 켜면 전구가 반짝 거리죠. 나무 아래 미니어처 구유도 만들고요. 두 녀석이 나는 기차, 나는 소방차, 하면서 기도를 하니까 선물 고르는 건 문제도 아니었지요.

성탄 전야가 되면 아이들은 저녁 먹자마자 양치하고 세수하고 로션 바르고 '산타할아버지 빨리 오세요. 잘게요.' 기도하고는 눈 꼭 감고 자려고 애를 쓰는 겁니다. 눈꺼풀이 파르르 얼마나 귀여운지요. 잠든 걸 확인하고 트리 밑에 선물을 놓지요.

큰아이가 유치원 들어간 해에 아이들 재워놓고 자정미사를 드리러 갔어요. 사택이라 안전하니까요. 돌아올 때 가슴이 막 두근거려요. 별일 없겠지. 애들이 깼을라나. 선물 뜯어봤을까. 엄청 좋아하겠지. 문을 여니까 글쎄 큰애는 울고 작은애는 형을 쳐다보고, 형이 왜 울지? 딱 그 표정인 겁니다. 장난감일랑 끌어안고서요. 완전 식겁했죠. 코트 입은 채로 아이들을 끌어안았죠.

"으응, 미안해. 미안해. 전야미사 다녀왔어. 그새 깼구나. 미안해."

그 후로 자정미사는 아이들 더 크면 가기로 했습니다.

아이들이 한글을 깨치고 나서는 산타할아버지한테 편지를 써서 책상 앞에 붙여놓으면 어떨까, 그랬더니 당장 편지를 쓰는 거예요.

산타크로스 할아버지 안녕하세요. 미니카 2개 가지고 싶어요. 탱크. 할아버지 꼭 오세요.

아빠엄마 카드는 오른손으로, 산타 카드는 왼손으로 썼습니다. 들킬까봐요. 카드에는 칭찬과 사랑이 가득 담겼죠. 카드 읽으면서 얼굴이 점점 환해지는 아이들 보면 정말 천사! 천사! 사랑이 뭉클뭉클 솟아나는 겁니다.

어느 해 큰아이는 로봇태권브이, 작은아이는 아톰을 써 놓은 겁니다. 사실 좀 부담됐거든요. 산타할아버지는 가난한 친구들한테도 선물 다 나눠줘야 하는데 어떡하실라나? 슬쩍 걱정을 했더니 한 값 낮은 걸로 바꾸더군요. 총. 과학상자. 장난감도 유행이 있어요. 그 해는 온 동네가 빵야! 빵야! 이 방 저 방 커튼 뒤에서도 빵야! 빵야!

작은애 5학년 때입니다. 학교에서 올 시간인데 밖에서 아이들 떠드는 소리가 들립니다. 우리 아이 목소리에 귀가 번쩍 합니다.

"아냐. 진짜야. 한 번도 안 온 적이 없어."

"야, 그걸 믿냐? 뻥이야."

"우리 형하고 나는 카드도 받았는데. 보여줄까?"

아이들이 긴가민가 시무룩 흩어지는 것 같더니 아이가 씩씩거리며 들어왔습니다.

"엄마! 산타크로스 진짜지?"

"그으럼."

지난해 이맘때 5학년이던 큰 아이가 현관에 들어서자마자 똑같이 물었죠. 학교에서 무슨 일이 있었던 모양이었습니다. 자초지종 연극이야기를 들으면서 녀석이 감동 먹는 것 같더니 말했습니다.

"그런데요 엄마, 올해도 테오도로는 산타크로스 진짜 줄 알게 하면 좋겠어요."

고작 연년생 형인데 그렇게 말하는 맏이가 고맙더라고요. 꿈꾸고 사랑하고 나눌 줄 아는 사람이 되기를 바라는 저희 부부의 소망이 이루어지는 시작인 것 같았습니다. 그 해부터 배우가 셋이 되었어요. 큰아이가 주연이 돼서 동생에게 산타크로스가 되어주었습니다. 작은아이가 로봇을 안고 감동하는 걸 보면서 연극은 성공으로 막을 내리고 성탄절 아침이 밝았습니다.

작은아이에게 연극이야기를 해주면서 우리 가족의 즐거운 연극놀이는 년 1회 8회 공연을 끝으로 대단원의 막을 내렸습니다.

모아둔 산타 카드를 읽어봅니다.

MerryChristmas!
토비아! 테오도로!
스스로 벌떡 일어나서 둘이서
새벽미사 복사 하는 너희들 정말 대단하더라.
내년에도 만나. 사랑해.

산타크로스

산타크로스를 기획 연출 연기까지 도맡는 부모도, 철석같이 믿고 연극에 빠져드는 아이도 옛이야기 속으로 멀어져가는 것 같습니다. 검색창을 열면 바로 들통 날 일이니까요.

아이들이 나이 쉰을 바라봅니다. 내 생애의 막도 하나씩 하나

씩 내렸다는 생각이 불현듯 드네요. 이제 아이들은 제 아이들에게 꿈과 사랑과 나눔을 심어주려 애쓰겠지요. 늙마의 성탄절은 인생의 마감준비로 진지합니다.

ESSAY by Chung Yeon Soon 1

마음 따로 몸 따로

집에서 전철역까지 25분 정도 걸립니다. 버스가 있지만 사철 걸어 다닙니다. 벚나무 가로수가 늠름하고 멋진 가로등 아래 벤치가 띄엄띄엄 있는 이 길은 밤과 낮의 풍경이 아주 다릅니다. 낮에는 노인들이 벤치에 모여앉아 해바라기에 수다로 소일을 하지만 밤은 그 양반 독차지입니다.

그 양반을 처음 본 건 벚꽃이 흩날리는 어스름이었습니다. 첫 번째 벤치에서 막걸리 한 병과 순대 한 접시를 놓고 한 잔 하는 중. 핸드폰에는 유명가수의 무대가 한창이지만 볼륨은 한껏 낮춰놓고요. 그 양반 혼자 잘 노네. 밤 벚꽃을 즐기는 중인가, 그리 생각했습니다.

외출했다 저녁에 집으로 갈 때마다 그를 보았습니다. 그러다가 나름 규칙을 발견했습니다. 8시나 9시쯤에 그 자리에서 저녁을 먹는다는 것입니다. 막걸리 한 병을 친구처럼 앞혀놓고 순대나 부침개 그 비슷한 것 한 접시가 전부였지만 세상 느긋하게 즐기는 분위기였어요. 언제나 트로트가 있어 흥겨워 보였어요.

남루하고 마른 체격에 그을린 얼굴, 일흔 살 남짓 될까요. 그 앞을 지나갈 때는 나도 모르게 걸음을 늦추고 그를 살피게 되더군요. 오늘은 무얼 먹나, 무슨 노래를 듣나 하고요. 그는 서둘지 않고 꼭꼭 씹습니다. 그 시간이 매우 만족한 눈치예요. 막걸리는 씹을 것들을 다 먹은 다음에 두세 번에 나누어 마십니다. 숭늉 혹은 커피 같은 입가심이려니 했죠. 요즘에는 콜라로 바뀌었지만요.

식사를 마치면 검은 비닐봉지에 쓰레기를 담고 잘 묶습니다. 행인에게 관심을 두지 않고 두리번거리지도 않습니다. 여러 차례의 목격으로 대충 이렇게 그를 정리할 수 있었지만 무슨 일을 하는지 가족은, 집은 있는지 궁금한 대로 그냥 지냈습니다.

여름 저녁이었어요. 그 자리에서 119 구급대원이 응급처치를 하는데 그 양반 술이 잔뜩 취한 것 같았어요. 무릎에서 흐르는 피를 지혈하고 실려 갔어요. 떠난 자리에 폐지를 반나마 실은 손수레가 있었어요. 무슨 일을 하는지 알게 되었죠.

한파주의보가 내린 날 밤이었습니다. 영하 15°C. 어제 내린 눈이 얼어붙어 밤길이 매우 위험했어요. 전철역에서부터 잔뜩 긴장한 채로 조심조심 걸었습니다. 핸드백과 보조가방이 무겁고 거추장스러웠어요. 그것만 없으면 한결 더 가속페달을 밟을 텐데 머릿속은 집, 방, 침대 따위로 꽉 찼었죠.

그 추위에 그가 거기서 식사 중인 겁니다. 웅크린 모습이 작은 곰 같았어요. 홍시 네 개를 놓고 나무젓가락으로 먹고 있었습니다. 막걸리는 하얀 알몸뚱이로 차례를 기다리고요. 한파에 홍시와 얼음 막걸리. 명치가 얼얼해지는 느낌인 채로 지나쳤어요. 횡

단보도에 마침 파란신호등이 켜지는 바람에 단숨에 건넜죠. 바로 그때 아차 떡! 하는 사이 다음 횡단보도에 파란 불이 들어왔어요. 유혹은 이성을 마비시킨다지요. 날다시피 또 건너갔어요.

돌아갈까, 돌아가야지, 생각과는 다르게 발은 내쳐 성능 좋은 기계처럼 집을 향하여 잘도 걷더라고요. 현관문을 열자 얼마나 따뜻한지요. 행사에서 선물 받은 팥시루떡은 가방 속에서 여직 따뜻했습니다. 떡이 따뜻하니까 더 안절부절 못하겠더라고요. 다시 옷을 껴입고 그에게로 갈 수도 있었지만 가지 않았습니다. 거기가 먼 세상처럼 까마득했습니다. 떡뿐 아니라 보온병에 따끈한 차 한 잔 그리고 입지 않는 파카며 목도리도 주면 얼마나 좋을까?

양치질을 하고 세수를 하는 동안 머릿속으론 몇 번이나 그에게 다녀왔습니다. 침대에 들어서도 그랬어요. 언제 잠이 들었는지 눈뜨니 새벽이었어요. 아침 식사로 팥시루떡을 차렸지만 그 사람 걸 빼앗아 먹는 것 같아서 편치 않았습니다.

내가 다른 나에게 완전히 지고 말았습니다. 그런데 제가 변명을 만들고 있는 겁니다. 그 상황에서 초면에 난데없이 떡을 드렸다면 그의 자존심을 다치게 했거나 '거지로 아나?' 모멸감이 상처가 될 수도 있지 않을까. 공손한 태도로 그를 배려한다 해도 사람 속을 누가 알겠는가, 하면서요.

주님! 미사 때마다 이마와 입술과 가슴에 성호를 올리지요. 생각과 말과 행위로 주님께 영광 드리겠다고요. 이 셋이 하나 되지 못하는 저를 또 보았습니다. 어쩌면 좋아요? 저를 불쌍히 여기소서. 자비를 베푸소서.

ESSAY by Chung Yeon Soon

이제로부터 영원히

철이와 순이라는 돌 인형이 있습니다. 한 뼘도 안 되게 작지만 배꼽이 도도람 보일락 말락 가쁜 호흡이 느껴질 정도로 둘이 목청껏 노래를 부릅니다. 두 손을 가슴 앞에 모으고 눈은 하늘을 향하고요. 파란 하늘에 흰 구름 둥둥 떠가겠지요. 둘은 단짝인 것 같습니다.

"애들 이름 지었어. 철이와 순이. 똑 닮았어. 봐봐."

저희 이름자를 붙여 선물로 주시면서 신부님은 재미나게 웃으셨습니다. 소년 같았습니다.

그즈음 이미 병이 자라고 있었는지도 모릅니다. 자주 피로하고 입맛을 잃고 좋아하시는 두꺼비 빨간 뚜껑도 멀리 하셨으니까요.

투병하시는 동안 주변을 힘들지 않게 하려고 무진 애를 쓰시는 모습을 보면서 신부님의 사랑법에 감동하곤 했습니다. 병세는 급격히 나빠지셨고 고통스러워하셨습니다. 위액이 역류하는 바람에 눕지도 못하고 기운이 없으니 앉아있을 수도 없었습니다.

방법이 없을까 하다가 1인용 리클라이너 소파를 마련해드렸습니다. 각도 조절을 할 수 있으니 한결 편안해 하셨습니다. 그렇게 겨울을 나시고 봄볕에 아카시꽃이 한창일 때 선종하셨습니다. 사흘 전에 병원으로 찾아뵈었을 때는 고요하고 편안하셨습니다. 그 모습 그대로 영면하시어 명동성당 성전에 봉헌되셨습니다. 당신이 보좌신부로 봉직하시고 서품 50년 금경 축하미사를 드린 성전입니다.

얼마 후에 남편의 꿈길에 한 번 와주셨습니다. 빙그레 그뿐이셨다지요. 기일이면 신부님을 사랑하는 부부들이 용인 성직자 묘지에 갑니다. 꽃을 드리고 절을 하고 연도를 바치고 하염없이 사진을 바라봅니다. 그 미소 그 말씀 그 숱한 에피소드들을 추억합니다. 그리움은 사랑입니다.

거실 벽에 신부님 서예작품을 걸어두었습니다.

이출이입주필보호(移出移入主筆保護)
이병금일지어영원(移并今日至於永遠)
떠날 때에도 돌아올 때에도 너를
항상 지켜주시리라 이제로부터 영원히

시편121편8절
조순창가시미로신부

그리고 세월이 많이 흘러갔습니다. 신부님처럼 깊고 넓고 끈기 있는 귀를 가진 누군가가 있으면 좋겠습니다. 눈을 바라보고 귀를 기울이는 동안 스스로 지혜를 깨닫도록 기도해주는 누군가가 있으면 정말 좋겠습니다. 남겨주신 저 말씀을 새기면서 함께 계시는 하느님의 빙그레를 느낍니다.

  그 리클라이너 소파는 신부님 떠나신 나이보다 훨씬 더 먹은 남편이 즐겨 쓰고 있습니다. 낡았습니다. 그래서 더 소중합니다.

ESSAY by Chung Yeon Soon

고소공포증 분투기

신혼여행 때 처음 비행기를 탔습니다. 제주도로 가는 내내 창밖 구경을 못했어요. 신랑이 손을 꼭 잡고 있어서 견딜 만 했지만 화장실은 엄두도 못 냈죠. 집에 돌아갈 일이 아득하데요. 오죽하면 제주도에서 그냥 사라져버리는 상상도 했다니까요.

엄마가 되었습니다. 놀이공원에서는 가방지킴이와 줄서기 전담. 남편이 안전장치를 설명하고 성의껏 설득해도 막무가내. 손을 흔들고 우와! 하하하 열띤 추임새에도 아이들은 시무룩하고 남편은 불치병을 발견한 것처럼 난감해 하더군요.

세상에는 올라갈 일이 왜 그렇게 많은지요. 안 올라가면 그만이지. 버티다보니 올라가야만 얻을 수 있는 경험들을 모를 수밖에 없었습니다. 내 영토는 점점 좁아지고 초라해졌습니다. 그렇게 살고 싶지 않았어요. 백과사전에 의하면 고소공포증이 분명했습니다. 공포의 원인을 이해하고 직면하는 것이 치료방법 중 하나라고 하는 겁니다.

원인? 짚이는 게 있었습니다. 설 명절은 푸진 꽃판이잖아요.

설빔이며 차례음식이며 강정 엿 곶감 짤랑거리는 세뱃돈까지 더할 나위 없이 호사스럽죠. 왁자지껄 윷놀이판, 찰떡꿀떡 아녀자들 널뛰는 웃음소리, 연날리기 팽이치기 얼음지치기 종일 동네가 들썩들썩 마음이 활짝 열리는 날이지요.

마당 저편에서 언니 친구들이 널을 뛰었습니다. 반공중에 올랐다가 쿵! 찧고 다시 훨! 바람 든 치맛자락이 불룩, 단발머리가 팔랑, 나무 널빤지가 낭창낭창. 널을 구르는 기합소리며 터져 나오는 하얀 입김을 보면서 나는 완전 홀려버렸지요. 언니들이 딱한 일곱 살 색동저고리를 널 중간에 앉혀서 시소를 태워주기도 했지만 시시하더라고요.

널뛰기는 혼자서는 어찌해볼 도리가 없죠. 반드시 마주 뛰는 상대가 있어야 하는 놀이잖아요. 해질 무렵 언니 친구가 대문을 기웃거리다 나를 꼬드겼습니다. 살살 할게. 처음으로 널에 올라갔어요. 미처 오금을 펴기도 전에 그 언니가 널을 굴렀어요. 순간 허공에 붕 떴다가 퍼드덕 땅에 꼬나 박혀버렸습니다. 왼쪽 팔이 널판 밑에 깔려 뼈가 부러졌습니다.

그 후로 널은 물론이고 그네만 보아도 오줌을 쌀 것 같았습니다. 초등학교 1학년 봄 소풍을 가다가 내가 비탈 아래로 구르는 허상을 보았습니다. 머릿속이 하얘지고 다리가 후들후들 숨이 차고 진땀이 나서 선생님께서 업어주셨어요. 여고시절 단짝친구랑 대관람차를 탔는데요. 안전벨트를 묶었지만 고도가 올라가자 나도 모르게 죽어라 비명을 질렀어요. 대관람차는 역주행하여 출발점에 멈추어 섰습니다. 손을 잡아 내려준 청년이 씩 웃는 바람에 더 창피하더라고요. 확 달아오르는 얼굴을 두 손바닥으로 다독였어요.

외상 후 트라우마? 부러졌던 팔은 완전 정상인데 그 충격을 이겨내지 못하다니. 스스로 이겨내야 할 증상이지요. 나를 안심시키고 끊임없이 북돋우면서 연습해보리라 작심했습니다. 연습 삼아 아파트 옥상에 올라가서 난간을 잡고 실눈으로 아래를 내려다보기도 하고 백화점 전망엘리베이터를 타고 오르락내리락. 아무도 모르는 나만의 성공이었지만 그것은 가능성의 확인이었죠.

유니버설 스튜디오에서 백투더퓨쳐(Back to the Future) 라이더를 탔습니다. 영화 속 자동차 드로리안을 그대로 만든 1인용 좌석이었습니다. 3D 전용안경을 쓰고 벨트를 매는 동안 아무 것도 예상할 수 없었어요. 모르니까 겁도 없고요. 실내조명이 꺼지는 순간 SF 영화음악이 귀를 찌르면서 우주가 펼쳐지고 광속으로 가상현실에 빨려 들어가는 겁니다. '큰일 났다. 이러다 죽겠다.' 머릿속에 번개가 쳤지만 이미 키질 당하는 콩깍지 신세. 죽을 둥 살 둥 드로리안 핸들을 붙들었죠. 그것만이 살 길. 완전 몰입.

빌딩 사이를 곡예처럼 날아 폭발하는 시가지를 통과하고 불길을 뚫고 구름 위로 솟구쳐 적막한 우주를 슉! 쏴! 찢어져라 아가리를 벌리며 잡아먹을 듯 포효하는 티라노사우루스 종들이 우글거리는 원시초원을 슉! 빙하시대를 지나 과거와 미래를 넘나들었습니다.

그런데 죽지 않고 살아서 나왔습니다. 얼마나 비명을 질렀던지 가족들의 상기된 얼굴을 보고도 말이 안 나오더군요. 성대를 잃은 것 아닌가? 물을 마시고 심호흡을 하고 마이크테스트 하나 둘 셋. 이상 없음. 안전장치에 대한 믿음이 생겼습니다. 고소공포증은 경험에서 오는 불안공포심리인 것 같았습니다. 백투더퓨처 라이더는 무지에 의한 충격요법이었습니다. 성공!

   남산 케이블카에 도전했습니다. 대낮인데도 밤중 공동묘지를 지나가야하는 공포. 온몸에 쥐가 났습니다. 연신 성호를 올렸지만 온몸이 싸아 굳는 것 같았어요. 눈을 부릅뜨고 구명줄처럼 난간을 꽉 잡고 발아래를 외면하고 뚫어져라 앞만 보면서 고도에 적응했습니다. 아! 서울이 이렇게 생겼구나. 한강이 참 파랗구나. 빌딩도 집도 길도 무지 많네. 신세계였습니다. 또 성공! 구미 금오산 정상의 출렁다리를 건널 때만 해도 곧 죽을 것 같더니 캐나다 레이크 루이스에서 스키 곤돌라를 타고서는 풍경이 눈에 들어 왔습니다.

   그랜드캐니언 스카이워크도 동방명주의 투명전망대도 이구아수 폭포 전망대도 성공. 노트르담 성당 종탑 꼭대기까지 거뜬하게 올라가서 지붕 위를 걸으며 느긋이 센강을 바라보았습니다. 경험의 지평은 얼마나 무한한지요.

   4인승 경비행기를 타고 뉴질랜드 무리와이 해안을 1시간여 비행하고 나서 스스로 완치판정을 내렸습니다. 널뛰기 사고로부터 반세기나 걸렸습니다. 설마 재발? 제발!

ESSAY by Chung Yeon Soon

골목풍경

요즘 시골마을은 벽화가 반기면서 인사를 건넵니다. 마음이 환해집니다. 가끔 스토리가 있는 그림을 만나면 보너스를 받는 기분이 됩니다. 멈춰서 찬찬히 보면 어느새 나의 그 시절이 선합니다. 제주 두맹이 골목은 멋진 야외미술관이지요. 그림을 감상하려고 골목을 기웃거리는 재미가 솔솔하지요.

철조망을 치거나 유리 쪼가리를 박거나 낙서금지 소변금지를 써놓은 시절이 있었지요. 방어와 의심과 불안의 표정이었죠. 치안의 문제이기도 하고요. 담을 따라 채송화 봉숭아가 피어있는 골목에는 평상이나 긴 의자가 있기 마련이었는데 거기가 동네 사랑방이었지요. 골목안 사람들은 이웃사촌. 서로 돕고 나누고 걱정하고 축하하는 인정미가 넘쳤잖아요.

통영 동피랑 벽화골목을 걷습니다. 굳은 빗소리를 고스란히 전해주는 우산 덕분에 혼자 고즈넉합니다. 초입 그림은 바다 풍경이네요. 고래가 헤엄치고 수평선에 배가 있고 등대도 있고요. 하늘은 푸르고 흰 구름이 두둥실. 창문이 있는 집 마당에서는 해바라기 장미 봉숭아 위로 나비가 날고 어린 여자애가 예쁜 물뿌리개로 물을 줍니다. 아이는 오동통 맑고 깨끗합니다. 아이에게서 피어나는 웃음이 나에게로 번집니다.

　동피랑 골목은 미완성 그림책이네요. 그림책 갈피에 아주 작은 카페 선물가게 꽈배기 집도 있어요. 사람들은 즐거워하며 인증사진을 찍고 골목을 지나갑니다. 저마다의 추억 이야기로 그림책을 완성하지 않을까요. 마냥 걷고 싶은데 골목이 너무 짧군요. 골목을 나오자 뻥튀기로 순간에 어른이 된 기분입니다. 무언가로부터 아스라이 멀어지는 것 같아요. 쓸쓸하네요.

　골목길을 되짚어 다시 가 봅니다. 사람 사는 기척이 없네요. 시멘트 포장길에 닫힌 문들이 완강해 보입니다. 집이 낮아진 건지 담이 높아진 건지 처마가 담에 가려져 빨랫줄도 보이지 않네요. 얼굴을 가리려고 모자를 푹 눌러 쓴 모양새입니다. 그림은 치레일 뿐 담은 여전히 경계태세입니다. 담 밑에 봉숭아 채송화 혹 칸나가 피었을까 두리번거려보지만 허탕입니다. 사람을 느끼고 싶지만 구경꾼만 줄을 잇네요. 골목의 정취보다 민낯을 가린 포장을 보는 듯합니다. 골목의 정취가 이런 걸까요.

　예루살렘에 있는 히브리 대학교 부근 산동네에서 일주일을 머문 적이 있습니다. 헤르몬산 비탈을 날마다 오르내렸습니다. 꼬불꼬불 좁은 골목에 아이들이 뛰어다니며 웃고 소리 지르며 놉니다. 숙소로 들어가는 저녁시간 운전은 특히 집중과 서행, 그 수밖에 없었습니다. 놀이에 빠진 아이의 에너지는 하늘의 기운일 겁니다. 자동차가 훼방꾼 같아 미안했습니다.

아이들은 변변찮은 차림새지만 거침없는 기상입니다. 작은 구멍가게가 몇 있어도 군것질하는 아이는 보이지 않아요. 장난감도 없이 그냥 몸으로 놉니다. 공이 있다한들 비탈 골목에서 찰 수도 없겠지만요. 워낙 척박한 유대 광야 지역이라 사는 게 팍팍하다고 들었습니다. 그래도 많이 낳아 번성하는 건 축복이니까요.

비슷한 골목풍경이 기억 속에 있습니다. 중학생 때 담임선생님 심부름으로 사흘을 무단결석한 친구 집을 찾아서 달동네 판자촌을 헤매었습니다. 주소가 있었지만 실제로 주소는 소용이 없었습니다. 처음 가보는 동네의 가풀막을 친구 이름을 대며 물어물어 올라갔습니다. 가방이 천근만근 숨이 찼습니다. 난데없이 판잣집 앞에서 붉게 핀 칸나를 만났습니다. 불끈 기운이 났습니다. 꽃의 힘이지요.

아이들은 저들 세상처럼 익숙해보였습니다. 거리낌 없이 웃고 떠들며 몰려다니더라고요. 부산의 달동네는 밤이면 별을 뿌린 것처럼 아름답지만 동네를 실제로 가보니까 집집마다 슬픔과 가난을 안고 있는 것 같았습니다. 판잣집이나 천막에 누우면 틈새로 달이 잘 보여서, 또는 산으로 올라갈수록 달에 가까워진다고 달동네라 불렀다지요. 달동네에서 희망으로 반짝이는 건 아이들 노는 소리였습니다. 밤에 예루살렘 성쪽에서 헤르몬 산동네를 바라보면서 친구와 칸나와 아이들을 생각했습니다.

영화 『오징어게임』에서 1대1 데스게임(Death Game)으로 골목에서 구슬치기를 하지요. 001이 어린 시절을 회상합니다. 우리 집이 어디더라? 이런 데서 놀았어.

 001 "깐부 알어?"
 456 "깐부가 뭐예요?"
 001 "으응, 깐부 끼리는 니 꺼 내 꺼가 없는 거야."
 둘이 새끼손가락을 걸고 엄지를 맞춘다.
 001 "우리는 깐부야."

 서로를 보며 웃지요. 001의 천진한 웃음과 복잡하고 불안한 456의 웃음이 절묘하게 엉킵니다. 001은 자기 목숨을 456번에게 줍니다. 최고의 아름다움은 목숨을 내어주는 건가요?
 어린 시절 골목은 놀이터이자 세상의 시작이었습니다. 골목에서 얻은 매우 디테일한 현장경험들이 성장의 자양분이 되었습니다. 장난감이래야 고무줄 공 따위지만 당연히 친구들이랑 가지고 노는 물건이지 딱히 내 것이 아니었죠. 놀이의 규칙을 지키면서 평등과 정의, 이해와 양보를 배웠던 것 같습니다.
 나보다 어린 아이를 배려하여 깍두기 자리를 내 줄 줄도 알았습니다. 받아들이고 참는 일도 차츰 몸에 배었고 서로 어울릴 줄도 알게 되었고요. 골목의 문화는 나에게 스며들어서 그때 그 아이가 지금의 내가 된 것입니다. 몸에 밴 어린 시절은 분명 사람됨의 기초인 것 같습니다.
 동피랑 골목 그림은 동경일까요. 추억일까요. 골목은 그림대로 누릴 만큼 부자가 아니어서 그림으로나마 꿈을 그리는 것일지도 모르겠습니다. 골목이 사라지면서 우리는 소중한 무언가를 잃어버렸고, 내다 버렸고, 돌아가기에는 너무 멀리와 버렸습니다. 깐부 사이. 나에게 그 사람이 있을까요? 서로 너라고 믿는 사람이 있으면 좋겠습니다.

ESSAY by Chung Yeon Soon 1

그 산에 뱀이 살았네

　서울대공원 숲에 인적이 없네요. 사람이 줄을 잇던 오솔길에 이토록 발길이 끊어지다니요. 코로나19 팬데믹의 공포가 섬뜩합니다. 한동안 폐쇄했다가 개장한 지 얼마 되지 않아서겠지만 씁쓸하고 쓸쓸합니다.

　마스크를 벗고 심호흡을 합니다. 아! 좋다. 해외에서 항공편이 끊기는 바람에 우왕좌왕 긴 기다림 끝에 전세기편으로 귀국하여 의무 자가격리 2주간을 끝냈습니다. 그리고도 외출을 자제하다 산에서야 거리두기가 쉽지 않을까 해서 나선 참인데요. 만추에 수북이 쌓인 낙엽을 밟으며 '시몬 너는 아느냐?' 남편과 주거니 받거니 너스레를 떤 이후 겨울이 지나고 봄입니다. 금수강산 사계절을 누리는 것이 얼마나 큰 축복인지요. 사뭇 감개무량합니다.

　봄산은 대지의 기운이 용솟음칩니다. 모두가 꿈틀꿈틀 용을 쓰는 것 같습니다. 연두색 햇순들이 명절대목처럼 술렁술렁 바람을 타면서 나무를 두드리고요. 풀뿌리도 벌레도 흙을 헤집는 것 같아요. 햇빛이 봄숲을 모자이크하네요. 아직 여백이 많지만요. 산

비둘기며 뻐꾹새도 짝을 부르느라 있는 힘을 다하고 딱따구리 소리도 리듬을 타네요. 사랑의 세레나데가 산을 가득 채웁니다. 본능은 얼마나 경이로운가요. 열정 없이 어찌 생명을 이어가겠습니까?

  숲은 날마다 다른 얼굴이지요. 색도 소리도 향기도 고맙고 정겨운 감동입니다. 워낙 익숙한 길이라 길 생긴 대로 몸이 반응합니다. 오르막 내리막, 바른 길 굽은 길, 음악처럼 걷습니다. 정자는 테이프로 네 기둥을 둘러 사용금지, 피크닉테이블은 마주 보지 못하게 한쪽만 테이핑, 약수터도 음용금지, 숲에도 방역의 긴장이 도사리고 있네요.

  볕 좋은 벤치에서 요기를 하고 커피를 마십니다. 이 기분이 일상을 반짝이게 합니다. 이 여유로움은 내가 나에게 주는 선물입니다. 여느 때 같으면 빈자리가 없을 정도지만 오늘은 우리 내외뿐입니다. 산 아래 동네는 모두가 숨을 죽이고 각자 섬이 되고 있지요. 다행히 핸드폰이 연륙교 구실을 합니다. 숲의 동영상을 찍어 햇빛이며 새소리 바람소리도 얹어서 보고픈 이들에게 보냅니다.

  앞장서서 성큼성큼 다시 걷습니다. 손안의 묵주도 기도를 따라 돕니다. 정신은 기도에 있고 몸은 자율보행 중입니다.

  스르륵.

  "뱀이닷! 뱀이야."

  비명에 뱀이 놀랐는지 몸을 쭉 뻗어 숲으로 내뺍니다. 얼룩지고 실하고 길고 빨랐습니다. 나는 정신이 나가버렸습니다. 후들후들. 걔가 휙 돌아오거나 다른 애가 뒤따라 나타날 것만 같더군요. 삼십육계 줄행랑 아시잖아요. 자기만 믿으라며 그가 앞장을 섭니다. 스틱으로 이래저래 인기척을 내며 갑니다. 다시 나타나더라도 아차 밟아버리는 불상사가 나지 않도록 신경을 곤두세웁니다. 최고속도 액셀을 밟습니다.

호숫가로 내려와서 한숨 돌리고 산을 바라봅니다. 청설모나 다람쥐를 만나긴 했어도 뱀이 살 거라고는 한 번도 생각하지 못했다는 것이 오히려 이상했습니다. 곤돌라를 설치하고 정자를 짓고 전망대를 만들고 피크닉테이블이며 벤치를 놓고 약수터를 관리하고 야자매트를 까는 동안 산의 생명들에게 미안한 적이 한 번도 없었습니다. 사람 때문에 저 산의 생명들이 얼마나 긴장하고 사는지 짐작하지 못했습니다. 사람의 발길이 끊어진 얼마 동안 자연은 그만큼 회복되었던 것입니다.

생태학자들은 물론 과학자들도 인류의 미래는 자연보호와 생태계복원에 달려 있다고 오래 전부터 경고해왔지요. 사람이 자연을 마구 들쑤셔대면서 생태계를 파괴하니까 야생동물에 붙어있던 바이러스가 사람을 숙주로 이용하는 거라고 하지요.

이대로 가면 전염병의 주기는 점점 짧아지고 바이러스는 교묘하고 영리해질 것이라는 예고도 들었습니다. 치료제와 백신개발이 시급하지만 자연보호와 생태계복원을 위하여 삶의 형태를 근본적으로 바꾸는 생태백신 구현이 병행되는 것이 절대적이라고 합니다.

자연에 기대어 살면서도 폐를 끼치고 있다는 생각보다 사람의 권리려니 오만했습니다. 그야말로 갑질 사고방식이었던 거지요.

얼핏 성경이 말하는 창조론의 영향이라고 할 수도 있겠지만요. 그건 아니죠. 깊이 들여다보면 모든 피조물은 서로 소중하게 여기며 가꾸고 아껴 사용하면서 생명을 존중하고 이어가라는 뜻이지요. 약탈하고 유린해도 좋다는 의미는 절대 아니지요.

자연을 훼손한 결과의 부메랑으로 전 인류에게 코로나19 사달이 났다고 합니다. 본래 자연과 인간은 분리 할 수 없는 일체형인 것을 자연에 대한 인간우월주의에서부터 문제가 생긴 것 아닌가요? 다행히 자연과 조화를 이루는 새로운 문화운동이 일어나고 있으니 희망이 없지는 않습니다. 가톨릭교회에서는 프란치스코 교황회칙 『찬미 받으소서』를 기초로 하여 생태적 회개를 위한 생태환경학교 교육을 실시하고 있지요. 배워서 깨닫고 행동으로 실천하는 것만이 희망이 실현되는 바른 길이니까요.

생태백신은 나로부터 구체적이고 실천적으로 시작되고 전 인류가 동참해야 하는 과제이지요. 나는 무엇을 할 수 있을까 생각해 봅니다. 머리염색? 하지말자. 과소비? 절제하자. 쓰레기? 줄이고 제대로 버리자. 기껏!? 그거라도 해보자. 아무리 사소해도 내가 몸 붙여 사는 자연을 위한 일인데 안 할 이유가 없지요.

산을 내려오는 동안 아무도 만나지 못했습니다. 산 아래 동물원의 동물들은 어떻게 지내고 있을까요? '아니 왜 구경꾼이 안 오지? 그 참 이상하네. 아휴! 심심해.' 갸우뚱할 것 같아요.

ESSAY by Chung Yeon Soon
1

날치기

바르셀로나에 있는 사그리아 파밀리아 소성당에서 9시 미사참 례를 했습니다. 세 번째 왔으니 언제 또 오랴 싶어 집전하신 신부 님과 사진도 찍고 가우디의 무덤에도 경의를 드렸습니다. 가뿐한 기분으로 성당을 나섰습니다.

지하철역 계단을 막 내려서는데 낯선 청년이 어깨를 툭 치더니 '네 모바일폰'하며 날치기 흉내를 내는 겁니다. 내 속이 훌러덩 빠져나가는 충격이었습니다. 피가 하얘지는 것 같더라고요. 배낭 의 지퍼가 열려있고 포켓은 비어있어요. 전신에 쥐가 나고 머릿 속은 완전 삭제 상태.

사람들이 다 도둑놈 같아서 두리번거리는 사이 남편이 무어라 말을 합니다.

"뭐든 뒷포켓에 넣으면 남의 거라고 몇 번이나 말했잖냐. 다행 이다. 내 폰에 자료는 다 있으니까."

남편의 그런 말이 귀 밖으로 대강 지나간 것 같았습니다. 33 일간의 까미노 데 산티아고의 기록이 통째 증발한 것입니다. 성당에서 나온 지 10초 안팎에 아무 느낌도 낌새도 없이 핸드폰만 쑥, 고도의 기술에 그저 아연합니다. 핸드폰은 현금보다 빼기도 간단하고 바로 현금화 할 수 있다지요. 요즘은 그것이 표적이라는 말을 한두 번 들은 게 아니어서 더 어처구니가 없었습니다.

  11시 사라고사행 버스표를 예매해 놓았으니 머뭇거릴 틈이 없었습니다. 지하철을 타고 시외버스터미널 역에 내려서 남편이 캡처한 지도대로 경찰서로 달렸습니다. 민원실 창구에 대고 11시 출발 버스표를 보여주며 도난신고 도와 달라, 시간이 없다, 속사포를 쏘았죠. 덩치 큰 경찰관이 씩 웃으며 신고용지를 내밉니다. 우리는 스페인어 모른다, 영어로 말해 달라고 다그쳐서 경찰관 셋의 도움을 받아 신고를 마쳤습니다. 특기사항에다 출판에 필요한 중요 자료가 저장되어있으니 꼭 찾아달라는 말을 번역기에서 옮겨 적었습니다. 지성이면 감천이라는 말에 매달릴 수밖에요. 미사도 드리고 가우디에게 인사도 잊지 않았으니까요.

  신고접수증을 받아 쥐고 승차장으로 내달렸습니다. 닫히려는 버스 문을 두드려 간신히 올라탔습니다. 승객들에게 고맙다 미안하다며 웃어보이자 다들 마주 웃어 주어서 마음이 편해졌습니다. 엄지 척 하는 청년이 어찌 그리 사랑스럽던지요. 지구를 떠나는 비행선을 탄 기분이었어요.

  "날치기?! 지하철에서 시외버스터미널까지 우리보다 더 빠를 수는 없을 걸? 날치기가 액셀러레이터였네. 호호"

  "좋기도 하겠다. 웃음이 나와?"

  말은 그러면서 그도 실실 웃습니다.

구멍이 도둑을 불러들이고 방심은 치기배의 밥이 된다고 하지요. 훔치는 편이 동냥보다 기분이 좋고 성취감에 쾌감까지 있으니 한 번 맛들이면 아예 직업이 되기도 하는 모양입니다. 날치기는 길거리 도둑의 원조일 것입니다. 왜 근절되지 않을까요? 경찰관은 그 구역 치기배들을 다 알면서도 적당히 눈감아 준다고 하는 말이 사실일까요?

대희년인 2000년 10월 14일부터 이틀 동안 바티칸에서 세계가정대회가 열렸습니다. 우리는 ME 서울대표팀부부로 지도신부님을 모시고 몇몇 부부들과 함께 참가하였습니다. 15일에는 요한바오로2세 교황님께서 집전하시는 미사에 참례하기 위해 남편들은 양복정장을, 아내들은 한복을 차려 입었습니다.

미사를 마치고 시내버스를 타고 테르미니역에 내렸습니다. 역 부근에 있는 한국음식점으로 가기 위해서였습니다. 테르미니역은 로마시내 중심가라서 광장은 언제나 여행객이 북적이지요. 우리 일행은 차림새만으로도 이목을 끌기에 충분했습니다. 카메라는 물론이고 뭇시선을 느끼면서 우아하게 걸어가는 중이었습니다.

"앗! 내 지갑. 쟤다. 쟤."

안드레아 씨의 고함이 운동회 날 딱총 출발신호 같았죠. 양복과 한복이 일제히 달렸습니다. 선두를 달리던 안드레아 씨가 그 아이를 잡았습니다. 가냘프고 앳된 집시 소녀였어요. 모르쇠로 눈을 동그랗게 뜨고 브래지어도 하지 않은 가슴까지 티셔츠를 걷어 보이고 종이 한 장 끼울 틈도 없는 스키니 청바지 속도 다 보여주는 겁니다. 지갑은 어디에도 없었습니다. 이럴 때 귀신이 곡한다고 하지요. 요술을 부렸을까요.

그때였어요. 다부진 인상의 덩치 큰 남자가 다가 오더니 그 아이를 데리고 몇 걸음 돌아서서 뭐라고 하는 것 같았습니다. 소녀가 중얼거리는 것 같았어요.

"어이, 재수 없어."

소녀가 순순히 청바지 속에서 지갑을 꺼내 그 남자에게 주고 태연하게 광장으로 가는 겁니다. 남자가 말없이 지갑을 안드레아 씨에게 건네주더군요. 식당주인 말로는 그 남자 사복형사라고요. 온갖 날치기 이야기를 반찬 삼아 완전 잔치분위기로 점심을 먹었습니다.

영국의 발칙한 여행작가 빌 브라이슨은 피렌체에서 신문을 사라고 조르는 여덟 살 남짓 집시 여자아이에게 지갑에 든 1,500달러 여행자수표를 단 5초 동안에 날치기 당하고도 화가 나는 게 아니라 탄복했다고 하지요. 어떻게 5초 동안 지퍼를 열고 지갑 속의 수표만 빼고 도로 포켓에 넣자마자 온데간데 없어질 수 있을까요?

숱한 날치기 일화 가운데 그 날 일은 '달리는 집시에 날으는 신사' '테르미니 지갑의 전설'로 우리 일행의 통쾌한 추억이 되었습니다. 집시 수중에 들어간 지갑이 다시 나오는 일은 마피아 것이 아니고는 기적에 가깝다고 가이드가 말하더군요.

내 전화기 사건은 도난신고 접수중으로 여행자 보험에서 약간의 피해보상을 받았지만 위로는커녕 헛웃음만 나데요. 아무려나

안전하게 보관하고 자나 깨나 챙기고 조심하는 것은 각자 책임이지요. 간절하게 부탁했으니 경찰이 내 핸드폰 찾아주려나? 미련스러운 미련인 줄 알긴 아는데 깨끗이 버려지지는 않네요.

ESSAY by Chung Yeon Soon

엄마야! 진짜요?

　산티아고 순례길을 걸을 때였습니다. 아주머니 한 분이 머리가 보이지 않을 정도로 큰 배낭을 지고 앞에 가는 겁니다. 초경량 배낭 덕분에 얼마 안 가서 그 분을 추월했습니다. 우리가 묵주기도 하는 걸 보고 그 분이 묵주를 들어 보이며 웃었습니다. 지하철에서 묵주기도 하는 분을 봐도 반가운데 이국땅 산티아고 순례길에서 만나니 동기간을 만난 것 같았습니다.

　기도가 끝나자 자매님이 이야기를 시작했습니다. 말벗이 아쉬웠던 것 같았습니다. 참고 억눌리고 희생한 가정사를 실감나게 펼쳐냈습니다. 아이고! 참. 그랬겠어요. 얼마나 힘드셨을까. 잘하셨네요. 주님! 이 길이 치유의 길이 되게 하소서. 화살기도를 올리며 가슴을 열고 집중해서 들었습니다. 저만치 앞서 걸어가던 남편이 보조를 맞춥니다. 자매님에게서 나를 쉬게 하려는 거지요. 자연스럽게 둘이 번갈아 이야기를 들어주고 있었습니다. 그런데도 피로가 몰려왔어요. 듣기에 지친 걸까요.

　다음날도 자매님은 서리서리 이야기보따리를 풀었습니다. 출발하면서 시작하는 묵주기도를 시작도 못하고 손에 쥐고만 있었죠. 두어 시간 쯤 되니까 귀에 모래가 버썩거리는 느낌이 드는 겁니다. 푸른 하늘과 광활한 밀밭의 초록물결을 보며 참 아름다워라 찬란한 세상. 주님의 뜻을 이루소서. 목청을 돋우며 기분 전환을 해봐도 다시 계속되는 이야기에 귀가 저릿저릿.

  마음 문이 서서히 닫혔습니다. 귀만 건성 열어놓았습니다. 그녀의 이야기보다 나의 그런 변화에 주목하고 있었습니다. 이러면 안 되는데. 내가 왜 이러지. 시간을 빼앗기는 것 같기도 하고 성가시기도 한 그런 느낌들이 이기심 때문이라는 생각도 했습니다. 이기심! 예수님의 사랑에 정면으로 맞서는 마음이지요. 동행하게 하시는 주님 뜻이 있으리라는 생각을 하자 견딜 만 했습니다.

  기도하고 싶어요. 우리 같이 묵주기도 할까요, 그런 말이 입 안에 맴돌았어요. 자매님이 민망하지 않을 기회를 보다가 말을 자르지 않고 한고비를 넘겼습니다. 그때 이런 이야기가 이어지는 겁니다.

  "『부부를 위한 십자가의 길』이라는 요만한 책이 있는데요. 바오로 서원에서 우연히 봤는데 너무 좋더라고요. 한마디 한마디가 가슴에 와서 박히는 거라예. 힘들 때 그거 가지고 기도하면서 많이 울었어예. 대녀한테도 사주고 여러 사람한테 많이 사줬어예. 다들 좋다고 고마워 하더라고예. 얼마하지도 않아예. 저는 책 선물을 잘 하는데 꼭 그 책을 앞에다 끼워서 보내요. 저자가 정연순 씨라고. 본명이 에우푸라시아인가. 어렵더라고요. ME봉사를 오래 했나보더라고요. 진짜 좋아요. 꼭 보세요. 제가 사드릴 수도 있어예."

숨을 죽이고 들었어요. 말을 해야하나 말아야하나 싶더라고요. 그쯤 되니 잠자코 있던 남편이 나를 가리키며 웃어요.

"그 사람이 저 사람인데요. 정말 연하고 순한 사람이라고 정연순."

"엄마야! 세상에나. 진짜요?"

둘이 끌어안고 펑펑 울었습니다. 배낭을 맨 채로 말입니다. 주님의 생생한 현존! 기쁨! 감사! 전율이 관통했어요. 제 몸 세포 하나마다 전등이 확 켜졌습니다. 내 사람됨을 들켜버린 부끄러움이 눈물에 섞였습니다. 주님! 당신께서 마련하신 만남의 섭리입니까? 우리는 서로를 바라보았습니다. 소나기 끝에 나온 해처럼 어찌 그리 예쁘고 사랑스럽던지요.

이제 헤어져야 할 시간이라는 직감이 스쳤습니다. 저자라는 사실 때문에 우리를 이상적인 부부로 보거나 공연히 우쭐할 지도 모를 나 자신을 경계하고 싶었습니다. 혼자 적막 속에 있고 싶었습니다. 『부부를 위한 십자가의 길』 내가 쓴 그 길 위에 나는 어디쯤 어떤 모습으로 살고 있는가? 책은 등대를 켜는 일일 뿐 내가 등대는 아니니까요.

"저는 이 순간만으로도 이 길의 의미가 충분해요. 제가 루르드에서 일주일 동안 기도드리고 왔다고 말씀드렸잖아요."

자매님 목소리가 떨리고 있었습니다. 어느 것 하나 섭리 아닌 것이 없거늘 어찌 그리 조바심을 쳤을까요. 내 민낯이 부끄러워

작아지고, 작아지고 또 작아져서 고백했습니다. 주님! 저를 불쌍히 여기소서. 자비를 베푸소서.

잠자리에 들기 전 자매님에게 수녀원에서 산 컵케이크와 삶은 계란을 쥐어주면서 토닥토닥 속삭였습니다. 우리 이제 자신에게 집중하며 걸어요. 기도 중에 만나요.

일기를 쓰고 침낭에 들었는데 이상합니다. 하느님의 빙그레. 천 마디의 말씀을 들으며 따뜻한 품에 안겨 있는 느낌이었습니다.

ESSAY by Chung Yeon Soon

우리 할머니

할머니는 독실한 불교 신자셨습니다. 유년 기억 속에 할머니는 촛불을 밝히고 면벽기도 하시는 뒷모습으로 새겨져 있습니다. 벽에 비친 그림자의 실루엣도 선합니다. 새벽 4시면 찬물 세수를 하셨다지요. 참빗으로 빗어 땋은 머리를 비녀로 쪽을 지고 한복을 단정하게 입고 기도에 드셨습니다. 저는 숨소리도 조심하며 새잠이 들기도 했습니다. 할머니 방에 자는 것은 막내의 특혜였습니다. 명절에 쌀과 북어 같은 제수를 딱한 집에 나누어 주었다거나 삼복에는 한천을 띄운 콩국을 항아리에 담아 조롱바가지와 함께 대문 밖에 두셨다는 이야기도 들었습니다.

초등학교 입학을 하고 한글을 깨치자 할머니께서 예배당에 가라고 하셨습니다. 그때 우리 마을에는 예배당밖에 없었고 성당이라는 말은 들어보지도 못했습니다.

"예배당에 가거라. 좋은 말씀 들으면 좋지. 암만 통도사가 집안 시주 절이기는 해도 멀기도 하고 가 봤자 애들은 설법도 못 알아들어. 그러니 가까운 예배당이라도 가거라. 진리는 다 같아. 다

통하는 거라.”

에? 예배당은 무슨? 우리 집은 절에 다니는데? 일요일 아침마다 챙기시는 바람에 안 갈 수가 없었습니다. 가보니 재미있었어요. 동네 아이들이 모여 노래도 하고 예수님 얘기도 듣고 실컷 놀다만 왔는데도 할머니는 착하다며 박하사탕을 주셨어요. 주일마다 성경구절이 적힌 쪽지를 나누어 주고 다음 주까지 외우라고 했지만 아랑곳없이 '눈 감으라 해놓고 신발 훔쳐가더라' 떼창을 하며 골목을 누볐습니다.

성탄절 전날 밤에는 무용도 연극도 노래도 했어요. '갈 길을 밝히 보이시니 ~' 찬송가에 맞춰 혼자 무용을 한 일은 멋진 추억입니다. 하얗게 얼비치는 어머니의 숄을 너울로 쓰고 그 위에 종이 왕관을 썼죠. 코피가 나서 한쪽 콧구멍을 솜으로 막고요. 찬송가가 너무 느리다는 생각도 하고 바닥에 앉은 사람들이 내려다 보여서 내가 하늘에 떠 있는 것 같기도 했어요.

성탄절 새벽에는 성가대 언니 오빠를 따라 온 동네를 돌며 '기쁘다 구주 오셨네.' 목청껏 노랠 불렀어요. 예수님이 동네 아저씨처럼 함께 다녔어요. 아주 친한 아저씨요. 어머니는 우리 모두에게 강낭콩을 둔 백설기를 쥐어 주셨어요. 저녁에 쪄서 아랫목에 묻어두신 겁니다. 따뜻하고 달고 고소하고 부드러운 그 맛을 어찌 잊을까요? 정월 대보름날에 풍물패들이 꽹과리를 치며 집안을 돌 때도 음식대접을 하셨어요. 절이나 예배당이나 세시풍속이나 구태여 경계를 짓지 않는 것 같았어요. 열린 마음을 배웠던 것 같습니다.

도시로 중학교 진학을 하면서 예배당과 멀어졌습니다. 그럼에도 첨탑의 십자가를 보면 예수님 사는 집이 저기 있네. 그랬습니다.

여고 1학년 때 할머니께서 풍을 맞으셨습니다. 수도도 없고 비닐조차 없던 시절이라 순전히 어머니 손으로 병수발을 드셨습니다. 가세가 기울어 도우미도 없었으니까요. 퇴임하신 아버지가 두레박으로 퍼올리시는 샘물로 어머니는 그 많은 빨래를 하셨습니다. 바지랑대를 중심으로 석 줄이나 되는 빨랫줄에 하얀 면포들이 날마다 펄럭거렸죠.

작은 어머니가 한 달이라도 모시겠다며 할머니를 모시고 가더니 일주일도 안돼서 도로 모시고 오셨어요. 근데 글쎄 비녀로 쪽을 지던 할머니 머리채를 땋은 채로 댕강 잘라서 가지고 온 겁니다. 어머니가 할머니를 안고 우니까 할머니도 얼마나 서럽게 우시던지요.

그날 아침은 할머니가 이상하셨어요. 잠에서 깨자마자 당신 목욕을 시켜라 하시는 겁니다. 어머니가 막내 학교 보내고 씻겨드린다고 해도 어림없더라고요. 목욕하고 옷 갈아입고 염주를 손에 꼭 쥐고 하얀 이부자리에 누우신 할머니는 정갈하고 예쁘장했습니다.

"할머니! 학교 다녀오겠습니다. 할머니! 예쁘세요."

인사드리면서 눈을 맞춘 게 끝입니다. 삼촌들을 부르라는 뜻을 아버지께서 알아들으시고 모두 연락해서 둘러앉아서 임종을 하셨다지요. 삼이웃이 생보살이라 칭송하던 할머니는 그렇게 돌아가셨습니다. 삼우가 지나자 동네 노인들이 할머니가 쓰시던 불구

(佛具)며 버선이나 속곳, 참빗, 손수건 등을 나누어 가지시는 걸 보았습니다. 앓으신 지 여섯 달 만입니다.

저를 예수님께로 인도하시고 열린 마음을 심어주신 할머니 생각을 하면 어릴 적 신앙교육이 인생의 길잡이가 된다는 사실을 실감합니다. 그래서 그랬을까요. 두 아들 다 유아영세를 받고 나란히 복사를 섰습니다. 주일학교는 물론 여름 성경학교도 빠지지 않았습니다. 고3 때도 성사생활을 소홀히 하지 않고 수능 전에도 미사를 거르지 않았다고 본당 신부님께서 강론에 두 아이를 예로 든 적도 있습니다. 주님의 섭리에 감사할 따름입니다.

ESSAY by Chung Yeon Soon
2

빙그레 첫 경험

초등학교 3학년 여름 홍수 났을 때입니다. 밤중에 아버지가 저를 깨우시는데 '둑 무너집니다. 학교로 피난 가이소.' 아저씨들이 외치는 소리도 들렸습니다. 귀가 번쩍 했습니다. 큰일났다 싶더라고요. 벌떡 일어나 그 자리에서 무릎 꿇고 두 손을 꼭 쥐고 꼼짝 안하고 기도하기 시작했습니다. 무슨 말을 했는지 기억은 안 나지만 예수님 비 안 오게 해주세요. 둑 안 터지게 해주세요. 그런 말이 아니었나 싶습니다. 같은 말만 자꾸 했던 것 같습니다.
"우리 연순이 기도도 참 잘하네. 이제 비 안 온다."
우와! 예수님이 내 기도를 들어주셨다! 예수님이 빙그레 웃으셨어요. 얼마나 좋은지 펄펄 날 것 같았죠. 울 아버지랑 똑 같았어요. 내가 졸랐더니 아버지가 출장길에 사다주신 장미꽃이 그려진 고무공 생각이 났습니다. 아버지는 8남매 막내인 저만 보시면 빙그레 하셨거든요. 재롱이든 어리광이든 다 받아주셨죠. 아버지의 빙그레는 칭찬이고 사랑이었어요. 저는 용하게 그걸 다 알아들었죠.

그날 이후로 예수님하고 찰떡처럼 친해졌습니다. 줄넘기 할 때도 고무줄뛰기 할 때도 달리기 할 때도 툭하면 속으로 '예수님 보세요.' 하고요. 친구가 예수님을 모른다 싶으면 마음속으로 혀를 쏙 내밀면서 '흥, 나는 예수님이랑 친해. 너는 모르지.' 하면서 몰래 뻐기기도 했으니까요.

그 밤 기도를 들어주시고 빙그레 하시던 느낌은 평생 변함이 없습니다. 주님의 빙그레는 연민이고 격려이며 응원입니다. 빙그레는 용서이며 치유이고 기다려주심이기도 합니다. 빙그레는 칭찬이고 자애로운 말씀이고 깊은 대화입니다. 주님의 빙그레는 저에게 비빌 언덕이 되어 줍니다. 결국 사랑입니다. 성당에 들어서면 성당 안이 다 주님의 빙그레 그 느낌으로 가득합니다.

저도 빙그레 해봅니다. 아니, 하려고 애를 씁니다. 하다보면 여유가 생기고 너그러워지고 이해 못할 일도 긍정하게 됩니다. 하다보면 화가 가라앉고 입술을 다스리게 되고 입장 바꿔 생각하게 됩니다. 하다보면 지혜가 떠오르고 좋은 마음이 생깁니다. 잘 안 되더라도 그래도 빙그레 하다보면 평화로워집니다. 빙그레는 다른 나를 이겨내는 비결입니다. 분명 은혜입니다.

ESSAY by Chung Yeon Soon
2

주님! 어쩌시려고 이러세요?

엎친 데 덮친다는 말이 있지요. 살다보면 그런 곤경에 빠질 때가 있지요.

ME(WWW.MarriageEcounter) 팀부부 봉사를 30여 년 했습니다. ME는 가톨릭교회 안에서 이루어지는 부부일치 운동입니다. 대화를 통하여 결혼생활을 재조명하고 부부관계를 성장시킴으로서 혼인성사를 새롭게 하는 운동입니다. 결혼 10주년 때 첫 주말을 경험하고 팀봉사부부 소명을 받았습니다.

서울대교구 부대표직을 맡고 있을 때 IMF가 터졌습니다. 엄청난 금액의 부도를 당했습니다. 그런데 이게 무슨 일입니까? 깊이를 알 수 없는 싱크홀에 빠진 것 같은 바로 그즈음 서울대교구 ME대표 소명을 받게 된 겁니다. 대표 소명식별은 협의회 임원들이 모여 콘클라베 방식으로 뽑기 때문에 거부할 방법이 없지요. 눈앞이 캄캄하고 숨이 턱 막혔습니다. 이중고를 감당할 자신이 없었습니다.

주님! 어쩌시려고 이러세요? 다 아시면서 너무 하십니다. 부도

맞은 것 수습 먼저 하고 나서 하면 안 될까요?

　더군다나 그즈음 저는 알레르기 비염이 이만저만 심한 게 아니었습니다. 아침마다 눈을 뜨는 것과 동시에 재채기 콧물이 발작처럼 터졌습니다. 수건을 목에 걸고 한 자락을 코에 대고 한 손으로 밥을 하면서 재채기와 콧물 눈물을 받아내야 했죠. 알약을 먹으면 약에 취해서 먹지도 마시지도 못하고 널브러지곤 했으니까요. 온갖 검사에도 원인불명이었습니다.

　주님께서 사정을 몰라주시는 것 같아 외롭고 서러웠습니다. 도무지 엄두가 나지 않고 앞이 보이지 않았습니다. 아무래도 주님께서 뭔가 착오가 있는 게 아닐까, 이럴 수는 없는데 싶더라고요.

　지도신부님께 저희 사정을 말씀드리고 무슨 방법이 없을지 여쭈었습니다. 신부님께서는 하느님은 소명을 주시면 능력도 함께 주시는 분이시라며 요나(요나서 4,5-9) 이야기를 들려주셨습니다.

　들고 보니 저희에게 겨자씨(마태오17,20절)만한 믿음도 없는 것이 부끄러웠습니다. 어떻게든 소명을 벗어 볼 요량이었는데 사제관을 나설 때는 다 맡겨드리면서 감사한 마음뿐이었습니다. 주님께서 빙그레 어깨를 보듬어 토닥여주셨습니다.

　너희가 겨자씨 한 알만 한 믿음이라도 있으면, 이 산더러 '여기서 저기로 옮겨가라.' 하더라도 그대로 옮겨 갈 것이다. 너희가 못할 일은 하나도 없을 것이다.

말씀이 용기가 되고 희망이 되었습니다. ME 소명을 위해 시간과 노력을 아끼지 않았습니다. 서울대교구가 워낙 넓으니 지구와 본당 이동거리도 만만치 않았어요. 강남에서 의정부까지 빨라도 두 시간이 걸렸거든요. IMF로 기름값이 치솟아 경비가 만만치 않았죠. 대형 세단을 7인승 경유차로 바꾸어 부담을 줄였습니다. 회의나 방문시간에 늦지 않으려고 쟁반에 저녁식사를 준비해서 들고 퇴근시간에 맞춰서 큰길에서 기다렸죠. 제가 운전을 하고 남편은 뒷자리에서 저녁을 먹는 겁니다. 다른 방법이 없었어요. 주말은 주말대로 일정이 꽉 차있어서 쉬는 날이 없었습니다.

그는 회사를 나서면 회사일은 잊어버리는 것 같았어요. 회사에서는 회사전용이다가 회사를 나서면 ME전용으로 사람이 완전 바뀌는 겁니다. 지금 여기 최선을 다하는 그의 성실함이 존경스러웠습니다. 회사는 엄청난 손실이 있었지만 규모를 줄이면서 안정되어갔습니다. 혼을 빼놓던 비염도 의사의 권유대로 서울 외곽으로 이사를 가자 서서히 완치되었습니다. 그때서야 몹쓸 알레르기가 집안의 은행나무 때문이지 싶었습니다.

2년 임기가 끝나는 날 우리는 뜨겁게 부둥켜안았습니다. 눈물이 줄줄줄 부끄러운 줄도 모르겠더라고요. 수고했어요. 고마워요. ME 소명이 아니었다면, 회사일에만 골몰했다면 그가 쓰러지지 않았을까요? 사람을 놓치지 않았을까요? (마태오16,26)

ME서울대표가 아니었다면 부족한 저희 부부가 2000년 대희년 바티칸에서 열린 세계가정대회에 한국대표로 초대받는 영광을 꿈이나 꾸었겠습니까? 모든 것은 하느님의 배려였습니다. 하느님께 사랑받고 있다는 실감은 사무치는 감동이었습니다. 그것은 가장 확실한 행복의 맛입니다.

ESSAY by Chung Yeon Soon 2

이등병의 편지

군대 간 아들에게서 편지가 왔습니다.

부대 안에 교회가 있는데 다른 종교에는 빌려주지 않습니다. 언덕 위에 자리한 크고 멋진 그 교회는 일요일이면 병사들로 가득 하답니다. 초코파이며 요구르트 떡 과일 같은 간식 먹는 재미도 있고 내무반에 있기보다 덜 따분해서입니다.

미사를 드리려면 차를 타고 전곡 성당으로 가야 하는데 방법이 없습니다. 차편이 없으니까요. 상사한데 사정을 이야기해서 사용하지 않는 연탄창고를 쓸 수 있게 되었습니다.

식사 때 제가 성호 드리는 걸 보고 신자인줄 알았다는 이등병하고 둘이서 완벽하게 물청소를 하고 도배를 했더니 쓸만합니다. 일요일 10시에는 둘이서 주모경을 드리고 기타치고 성가 부르고 놀죠. 성가대 실력이 제대로 빛을 봅니다.

지금은 12명이 모입니다. 자리가 비좁을 지경입니다. 나름 기도하고 기타치며 성가를 부르죠. 보내주신 돈으로 초코파이와 요구르트도 사 먹고요. 어머니! 가능하시면 성물과 집기를 지원해 주실 수 있으실까요?

   가슴이 화끈해지면서 눈물이 주르륵. 반모임에 편지를 가지고 가서 읽었습니다. 자매님들이 다 울어요. 반장님이 본당 성가경연대회에서 받은 상금 10만원을 내놓으면 어떻겠느냐고 하셨습니다. 다들 박수로 동의 하였습니다. 그 돈을 감사히 받았습니다.
   명동 성물판매소로 달려갔습니다. 십자고상이며 성모님상, 성가책 기도서 묵주 하얀 탁상보도 그리고 본당 주보와 신앙서적 몇 권도 챙겼습니다. 부대원들에게 먹일 음식도 푸짐하게 준비하여 면회를 갔습니다. 나무 그늘에 자리를 깔고 음식을 차리는 동안 신자 병사들이 모여왔습니다. 와 주는 게 참 고맙더라고요. 많이 먹고 엄청 즐거운 것 같았습니다. 한 병사가 언덕 위의 교회를 가리키며 집 없는 설움을 군대에서 겪을 줄 몰랐다며 웃었습니다.
   "감사합니다. 충성!"
   힘찬 경례를 받으며 돌아왔습니다. 아들이 휴가를 나와서 함께 미사를 드리고 점심을 먹으면서 말했습니다.
   "그나마 지금은 예절이라도 할 수 있어 다행이지만 어휴! 진짜 성체 못 모시는 거, 그거는 안 당해 본 사람은 몰라요. 얼마나 서러운데요."
   본당 신부님께 아들 편지를 보여드렸습니다. 신부님이 부대와 이름을 메모하셨습니다. 부대 가까운 읍내 성당 주임신부님도 찾아뵜었습니다. 신부님께서 부대장을 만나보겠다고 말씀하셨습니다. 얼마 후 아들에게서 편지가 왔습니다.

형편이 확 풀렸어요. 부대장님이 차를 내주셔서 전곡성당에서 미사드립니다. 주일마다 배차해주시겠다고 합니다. 성당 어머님들이 아들처럼 잘 대해 주십니다. 이것저것 먹고 가라고 하십니다. 부활절에는 국수랑 수육에 김치까지 먹었습니다.

두드려라 열릴 것이다.(마태오7,7) 말씀이 이루어졌습니다.

ESSAY by Chung Yeon Soon

다 잘 할 수는 없잖아

스페인 배낭여행 중에 사라고사에서 하루 묵기로 하였습니다. 야고보 성인에게 나타나신 성모 발현의 현장인 필라르(Pilar)성모 대성당을 보고 싶어서였습니다.

숙소를 검색하다가 큼직한 소라껍질을 귀에 달고 바다를 바라보는 청년의 프로필을 보았습니다. 주인은 미카엘. 시외버스터미널에서 3km. 주택가. 방 3개 주방 욕실 화장실 베란다가 딸린 집에 혼자 거주 중. 입구방과 모든 시설을 비싸지 않은 요금에 사용할 수 있음. 예약가능.

터미널에 도착하고 보니 오후 3시 시에스타 시간이라 거리가 텅 비었습니다. 이글이글 타오르는 7월 불볕 속으로 폰의 GPS를 따라 걸을 수밖에요. 씩씩하게 걸을 수 있는 게 얼마나 감사하냐며 서로 기분을 돋우었습니다.

2층 아파트의 벨을 누르자 팬티 같은 반바지 차림의 푸른 눈 조각미남이 활짝 웃으며 나오는 겁니다. 미카엘! 게스트룸에 배낭을 놓고 집을 살펴보는데 먼지가 홀씨처럼 나풀거리는 게 영

마뜩찮았어요. 발 디딜 틈 없이 어질러진 방에 화구들 사이로 이젤이 세워져 있고 다른 방에는 기타와 드럼과 낯선 악기들이 가득이었습니다. 아티스트? 뮤지션? 사진이 예사롭지 않더라니…. 어찌되었건 우리와 상관없는 일이라 방값을 치렀습니다.

주방 싱크 볼에 설거지 거리가 산더미고 말라붙은 고양이 밥그릇에 파리가 윙윙, 욕조와 세면대는 물때가 띠를 둘렀고요. 변기를 열어보니 이건 정말 안 되겠다 싶었어요. 미카엘이 미안하다면서 연신 손을 비벼 대거나 말거나 호텔을 검색했죠. 미카엘에게 준 선불방값 까짓 거 날려도 좋다며 서둘렀지요.

그때 남편이 말했어요.

나도 지금 당신 맘하고 똑같아. 그렇긴 한데 미카엘 그 눈빛 봤지? 그렇게 순수한 눈빛 모처럼이야. 왠지 도와주고 싶어. 사람이 다 잘 할 수는 없잖아.

그의 생각에 동의하는데 1초도 안 걸렸어요. 우리는 수십 년 경력 선수 아닙니까? 나는 주방으로, 그는 욕실로 들어가서 청소를 시작했죠. 고맙다며 연방 허리를 굽히는 미카엘에게 웃어주기까지 하면서요.

미카엘이 감색바지에 하이넥 흰 와이셔츠를 차려입고 인사를 하는 겁니다. 오후 5시부터 새벽 4시까지 클럽에서 일한다면서 환하게 웃어요. 그림 그리길 더 좋아하지만 밴드도 멋진 일이라나요. 우리는 새벽 6시에 조용히 떠날 거라고 미리 인사를 했습니다.

남편은 세면대를 붙들고 안간힘을 쓰는 것 같았어요. 하수파이프를 열어 찌꺼기를 빼내자 물이 좍 빠져요. 성공! 축하! 둘이서 집안을 완전 탈바꿈시켰죠. 베란다 물청소까지 끝내고 생수를 찾아 냉장고 문을 열자 봉지들이 쏟아지면서 상한 냄새가 코를 찔러요. 기왕 하는 일 최선을 다 하자며 버릴 건 버리고 깔끔하게 정리했습니다. 한계에 이른 피로를 뿌듯함이 어루만져 주는 것 같았습니다.

내일은 필라르 성당을 보러 갈 겁니다. 이곳이 고향인 프란치스코 고야가 그린 천정화며 스페인 내전 때 성당 안에 떨어졌으나 터지지 않은 2개의 포탄도 보고요. 타일 돔과 지붕과 기둥들도 구경할 생각을 하다가 곯아떨어졌습니다.

새벽에 까치발로 현관을 나서는데 미카엘이 자기 방에서 나왔습니다. 부스스한 걸 보니 인사를 하기 위해 선잠을 자지 않았나 싶었어요. 미카엘이 가슴에 두 손을 모으고 눈을 맞추는 겁니다. 선물이라며 작은 노트 한 권을 내미는 그의 눈이 촉촉했습니다. 노트에 피카소 미술관 이니셜이 찍혀있었습니다.

힘주어 악수를 하고 한국말로 안녕, 안녕이라고 했습니다. 미카엘이 몇 번이나 허리를 굽혀 인사를 하는 바람에 나도 모르게 대답대신 성호를 올렸습니다. 길에 나서자 미카엘이 창밖으로 손을 흔들며 안녕! 한국말을 하는 것이었습니다.

인생은 내가 좋을 때 행복하지만 나 때문에 다른 사람이 좋으면 더 행복한 것 같습니다.

ESSAY by Chung Yeon Soon

놓친 기회는 다시 오지 않고

　지방대학교에서 문예창작강의를 할 때였습니다. 수원역에서 첫 KTX를 타야 강의시간을 맞출 수 있었습니다.
　엄청 추운 날이었어요. 역으로 가는 버스 차창 밖은 새까만 어둠이었습니다. 달리다보니 인도에 피운 화덕 모닥불이 어둠을 사르고 있었습니다. 파카를 입고 후드를 쓴 남자들이 불을 쬐며 모여 서 있었습니다. 삶의 고단함에 짓눌려서일까요? 다들 등짝이 구부정했습니다. 하루 일거리를 바라는 간절함이 시간을 손꼽고 있었습니다. 성모님께 그들을 의탁하는 동안 역에 도착했습니다.
　수원역 화장실은 언제나 붐비지요. 한 여인이 세면대 옆 파우더 테이블에 올라앉아서 바느질을 하고 있는 겁니다. 딴 세상에 있는 것 같았습니다. 이동통신광고 현수막으로 옷을 만들더군요. 온 정신을 바늘 끝에 집중하는 듯 했습니다. 바느질이 재봉틀 박음질처럼 고르고 발라서 프로라고 짐작했지요.
　무척 야위고 파리하지만 지성미가 풍기는 미인입니다. 어금니로 실을 툭 끊습니다. 완성. 옷을 한 번 툭 털어서 입어봅니다.

어디 하나 흠잡을 데 없는 반코트였어요. 만족한 듯 했어요. 깃을 세우고 거울에 이리저리 맵시를 비춰보는 동작이 런웨이를 걷는 패션모델 같았어요. 그리고 쇼를 마치고 퇴장하는 모델처럼 당당하게 화장실을 나갔습니다.

시간에 쫓겨 전속력으로 뛰어서 헐떡이며 기차를 탔습니다. 그녀 모습이 자꾸 눈에 밟히는 겁니다. 우유와 계란 한 개 감자 한 개를 테이블에 놓고 식사 전 기도를 올리는데 아! 그녀 배고프겠다 싶더라고요. 아무래도 온 정신이 아닌 것 같은 데 말입니다. 주고 올걸. 왜 그 생각을 못했지? 어쩌냐.

다음부터 그녀에게 줄 도시락을 준비해가지고 갔지만 만날 수 없었습니다. 청소하시는 아주머니에게 물었더니 그날 처음 봤다면서 언제 올지 모른다는 거예요. 도시락을 부탁했더니 교대시간이라며 난감해 하였습니다. 세 번 허탕을 치고 도시락 싸기를 그만 두었습니다. 10여 년이 훌쩍 넘어도 놓친 기회는 다시 오지 않았습니다.

나눔은 다음이 아니라 이번 한 번 만으로도 완벽한 단막극이라는 말이 크게 울렸습니다.

ESSAY by Chung Yeon Soon
2

나는 당신의 요양보호사

결혼 50년. 금혼이라 하지요. 1년에서 50년 사이 삶의 궤적은 사라지고 두 점만 있는 것처럼 아득하기도 하고 문득 다가선 것 같기도 합니다. 금혼을 어떻게 기념할까 생각이 많았죠.

가족들이 서너 가지 제안을 했습니다. 잔치도 여행도 선물도 고맙고 기쁜 일이지요. 그런데 지나온 날을 감사하고 다가올 날들을 더 사랑하며 살 수 있는 의미 있는 선물이 무엇일까요? 그것은 우리 스스로 만들어야 하는 거니까요.

자립적으로 노후생활을 하는 것은 부부 당사자는 물론 자식들에게도 매우 중요한 문제입니다. 그중 건강관리는 자신에 대한 책임이지요. 열심히 노력해도 만일의 경우는 언제라도 일어날 수 있는 거지요. 한 치 앞을 모르는 게 사람 일이라는 걸 주변에 일어나는 일을 보면서 깨닫곤 하지요. 늘 기도하는 이유이기도 합니다. 묵주는 한 몸 같은 성물이지요.

배우자가 다른 사람의 도움을 받아야 할 처지가 된다면 어떻게 할까요? 정말이지 시설에 보내고 싶지는 않습니다. 할 수 있는 데까지는 내 손으로 돌보고 싶다는 우리 두 사람 생각이 일치하였습니다. 하지만 노인 병수발은 어떻게 하는 건지 막막했습니다. 상식 너머 구체적이고 세세한 일들은 깜깜했으니까요.

요양보호사 교육원에 수강료를 내고 수강신청을 했습니다. 매일 8시간씩 2개월 동안 이론과 실습강의를 들었습니다. 남녀 수강생 대부분이 구직자였습니다. 저희처럼 배우자를 위한 경우는 학원에서도 드물게 본다며 반가워하고 강사 선생님과 동기생들도 매우 친절했습니다. 대한민국 최고령 요양보호사 후보 1위라며 격려해 주었어요.

출석과 규칙이 꽤 엄격했지만 우리는 모범생이었죠. 온종일 꼬박 의자에 앉아서 강의에 집중하자니 허리 어깨 다리 머리 다 징징거렸지만 배울 것이 너무 많아서 재미있었습니다. 배워보고서야 우리가 얼마나 무지했는지 알게 되더라고요.

교육과정에 따라 요양원에서 일주일, 데이케어센터에서 일주일 현장실습을 했습니다. 현장실습을 하고나서 '좋네. 여기 보내도 되겠네.' 라는 생각이 들었으면 얼마나 좋겠습니까? 배운 것과 실제상황은 크게 차이가 있었습니다. 절대 안 보내야지. 결심이 더욱 굳어졌습니다.

자격시험 날짜를 기다리는 중에 성가정축일이 되었습니다. 본당에서 혼인갱신식이 있었습니다. 신청한 부부 중 금혼부부는 저희뿐이었습니다. 순서에 선물교환이 있었습니다. 고이 간직하고 있던 결혼예물을 닦아 광택을 내고 '나는 당신의 요양보호사'라고 쓴 카드를 더하여 금혼선물이자 혼인갱신선물을 주고받았습니다. 주교님의 축복장을 안고 신부님의 강복을 받을 때 뭉클! 온몸이 뜨거웠습니다. 주님께서 빙그레 보듬어 주시고요.

 요양보호사 국가자격시험은 둘 다 한 번에 합격. 우리는 참 복 받은 부부입니다.

ESSAY by Chung Yeon Soon

아주 특별한 선물

내일 아침 8시에 이삿짐 차가 오기로 했습니다. 이삿짐센터에서 포장이사를 해주긴 하지만 꼭 내가 직접 하는 일이 두 가지 있습니다.

첫째는 내가 살던 집에 사실 분들을 위한 작은 선물을 준비하는 일입니다. 남편의 직장을 따라 여러 번 이사를 하였습니다.

'이 집에서 온 가족이 건강하고 행복하시기 바랍니다.'

카드를 꽂은 작은 꽃바구니와 새 수건과 화장지와 손 씻을 비누 그리고 주변 상가수첩을 챙겨서 거실에 둡니다. 별거 아니지만 이삿짐을 풀기 전에 당장 필요한 것 같아서입니다.

두 번째는 이삿짐이 다 나가면 집안을 깨끗하게 쓸고 싱크대 내부를 걸레로 대강 훔쳐내는 일입니다. 뒷모습을 깨끗하게 남기고 싶어서입니다. 몸담아 살던 집에 대한 예의이기도 하고요.

전에 살던 집을 전세로 내주었다가 다시 들어가 살게 된 적이 있었습니다. 도배며 수리문제로 집을 둘러보러 갔다가 크게 실망한 후부터 나는 이러지 말아야지, 마음 먹었던 것입니다. 먹던 김치통, 죽은 화분들과 깨진 액자 등등 집안이 난장판이었습니다. 아파트 상가 인테리어 사장님은 그 사모님이 이럴 줄 몰랐다며 끌끌 혀를 차시데요. 뒷모습이 아름다운 사람이 되리라. 다짐했더랬지요.

 이삿짐센터 직원이 부엌살림을 박스포장했기 때문에 싱크대가 전날 비었습니다. 마침 봉사하는 날이라 피곤했지만 내일 시간을 벌 요량으로 밤에 싱크대를 닦았습니다. 의자를 놓고 올라가서 싱크대 맨 위 칸을 걸레로 훔쳐낼 때였습니다. 선반 안쪽 구석에서 무언가 걸리는 것 같더니 목걸이와 반지가 바닥에 떨어졌습니다. 때가 찌들어서 보석 같지도 않았습니다. 가슴이 덜컥했습니다. 결혼반지와 목걸이였습니다. 귀중한 것을 제대로 간수하지 못한 것이 당황스럽고 누가 알까 부끄러웠습니다.

 이게 왜 여기 있었지? 언제 하고 여기 둔 거야? 다리에 힘이 풀려서 싱크대에 기대앉았습니다. 조카 결혼식 날이 생각났습니다. 친척들 몇이 우리 집에 오시는 바람에 급하게 저녁 준비를 하느라 그걸 쏙 빼서 싱크대 위 칸에 넣어둔 것이었습니다. 그리고는 까맣게 잊어버리고 있었나 봅니다. 평소에 보석 장신구를 잘 하지 않으니 찾을 일이 없기도 했지요.

 아! 주님, 이걸 주시려고 그러셨군요. 피로한데도 그 일을 하도록 무거운 몸을 일으켜 세우셨군요. 안 해도 누가 뭐라 하지 않을 텐데요. 정말 함께 계셨네요. 하느님께서는 늘 함께 하시는 줄을 믿을 수밖에요.

 치약을 묻혀서 닦고 헹구기를 여러 번, 반지와 목걸이가 제 빛을 내었습니다. 하느님의 선물이 분명했습니다.

 너희에게 해주기를 바라는 그대로 너희도 남에게 해주어라.(마태7,12)

 그 밤 싱크대를 닦지 않았다면 보석은 어찌 되었을까요? 이제 그냥 결혼반지와 목걸이가 아닙니다. 저에게는 특별한 체험이고 은혜로운 선물입니다.

ESSAY by Chung Yeon Soon

가시에 꽃을 피우랴

산티아고 순례길에서 특별히 용서의 언덕이라고 이름 지어진 산을 넘어야 하는 날이었습니다. 해발 400m의 팜플로나에서 해발 800m, 스페인 말로 페르돈(perdon)이라고 하는 용서의 언덕을 넘어 다시 해발 400m 푸엔테 데 라이나까지 내려가는 코스입니다.

용서라고 하니 바로 그가 떠오르는 것이었습니다. 잊지 못하고 있었던 것입니다. 애써 외면하면서 가라앉힌 흙탕물을 헤집지 않으려고 안간힘을 쓰는 제가 보였습니다. 무겁고 슬프고 안타까웠습니다. 상처로부터 자유로워지기는 이리도 어려운 것인가 싶었습니다.

그는 제가 오랜 세월 기도하는 한 사람입니다. 상처와 용서와 화해가 반복되면서 수십 년이 흘렀습니다. 터무니없는 모함, 아연할 수밖에 없는 누명을 씌우면서도 만나면 세상 자상하고 다정스러웠습니다. 그런 일을 당하면 부당하고 억울해서 처음에는 얼이 빠졌고 가슴이 부서졌고 울음이 차올랐습니다. 일상이 뒤흔들리면서 병이 났습니다.

 같은 패턴을 반복해서 겪다보니 왜 그럴까? 내가 왜 그의 대상일까? 하는 의문이 들었습니다. 성경과 신앙서적과 심리학책을 읽으면서 내면을 성찰하고 답을 찾는데 골몰했습니다. 내막을 훤히 아는 언니는 '곡식에 제비 같은 너를 왜 그러는지 모르겠다. 진짜 이해가 안 된다.'며 전생 운운 했지만 그것이 해답일 수는 없었습니다.

 그에 대해 생각하고, 생각하고 또 생각하였습니다. 화근은 그의 문제이지 내 문제가 아니라는 생각이 들었습니다. 그렇다면 의미 없는 일에 인생을 낭비하고 싶지 않았고 그에게 묶여있는 감정적인 구속에서 벗어나 자유롭고 싶었고 내 영혼을 보호하고 싶었습니다. 자신의 영혼을 간수해야하는 책임감으로 그로 인하여 내가 우울과 분노에 빠지는 것을 스스로 경계하였습니다.

 결국 남는 것은 연민이었습니다. 그것이 용서하는 힘이 되었습니다. 용서하지 않고는 내 안의 상처를 치유할 길이 없었습니다. 용서하지 않은 상태로는 부활도 성탄도 온전한 기쁨이 될 수 없었고 성체를 모시면서 죄송하고 슬펐습니다.

 그래서 용기를 내어 아무 일도 없었던 것처럼 안부를 전하고 마주 웃고 밥을 먹었습니다. 인연의 무게를 소홀히 하고 싶지 않아서였습니다. 그러다보면 천만 뜻밖의 모함이 또 돌아오곤 했습니다. 다행인 것은 그가 밉지 않다는 것이었습니다. 오래 겪다보니 굳은살이 박인 건지도 모릅니다.

 또 무슨 동티가 날까. 두려웠고 충격을 삭이는 과정이 너무 힘들어서 빌미가 될 기회를 피하고 싶었습니다. 더는 상처 받고 싶지 않았습니다. 내가 신자이기 때문에 늘 용서할 수 있어야 한다고, 용서해야 한다고 생각하는 것은 교만이 아닐까 하는 의구심도 들었습니다. 그의 사정거리 밖에 있는 것이 지혜라고 정리하면서 인연의 무게를 덜어내었습니다. 그것이 나를 위한 변명 혹은 합리화가 아닌가 하는 의구심이 없지 않았지만 그러기로 했습니다.

오래전 그가 불행을 당했습니다. 아무 일 없었던 것처럼 진심을 다하여 몇날 며칠 애를 썼습니다. 신부님께 청하여 대세와 병자성사를 받고 장례미사도 드렸습니다. 다행히 가족이 다 세례를 받았습니다. 이제 됐다. 성체를 모시면서 그의 내면의 상처들이 치유되리라 믿었습니다. 그러나 얼마 지나지 않아 모두가 냉담에 빠지고 이전과 같은 일이 또 일어났습니다.

그즈음 깊은 가을에 수도원에서 피정을 하였습니다. 새벽에 십자가의 길을 걸으며 묵상하다가 우연히 특강을 하신 신부님과 나란히 걷게 되었습니다. 나도 모르게 그에 대한 일을 술술 고백하는 것이었습니다. 그토록 깊이 묻어둔 사연을 아무 주저도 없이 그렇게 끄집어냈는지 알 수 없는 일입니다. 책을 읽듯 담담하고 평온했습니다. 신부님께서 잘 들어 주셨습니다.

"거리를 두는 것도 방법이지요. 언젠가 때가 오겠지요. 기도를 멈추지는 마세요. 꼭 들어주실 겁니다."

나는 빛을 받아 투명해지는 것 같았고 내가 한결 강해진 느낌이 들었습니다. 그가 박은 여러 개의 쇠못이 액체로 변하는 것 같앉습니다. 언젠가는 그것이 눈물이 되리라.

용서와 마주하게 된 그날은 대단한 악천후였습니다. 세찬 비바람에 몸을 가누기도 어렵고 말을 할 수도 없었습니다. 완전히 몸을 숙이고 앞 사람 뒤꿈치만 보며 걸어야 했습니다. 펄럭이는 비옷을 여미고 돌부리를 조심하면서 한 발짝 한 발짝 좁디좁은 산길을 올라야 했죠. 쉴 곳도 비켜설 공간도 없었어요. 성모송을 외면서 '용서'에 집중했습니다.

얼마를 갔을까요. 고개를 들어보니 눈길 닿는 데는 온통 샛노란 꽃 천지였습니다. 산에 쫙 깔린 가시나무들이 바구니처럼 몸을 동그랗게 옹송그리며 가시 끝마다 자잘한 꽃을 무한정 피우고 있었습니다. 가시꽃은 저를 드러내기보다 무리 속에 하나가 되고 있었습니다.

이 길이, 이 비바람이, 이 가시나무가 모두 용서의 과정으로 다가왔습니다. 얼마나 끈기 있게 기도하고 참으며 내 큰 탓을 찾아야 하는지 일러주는 것 같았습니다. 처절하게 자신을 낮추는 가시나무에서 예수님을 보았습니다.

언덕의 꼭대기에 다다르니 내려가는 쪽은 완전 다른 세상이었습니다. 비도 그치고 바람도 자고 햇빛이 찬란했습니다. 용서의 이 쪽과 저 쪽을 보았습니다. 용서의 언덕에 가시꽃! 그렇습니다. 용서는 가시에 꽃을 피우는 일입니다. 저도 가시꽃을 피울 수 있을까요?

예기치 못한 때에 그의 영정 앞에 앉았습니다. 절을 드리고 무릎을 꿇었습니다. 그가 나를 바라봅니다. 웃고 있습니다. 그저 먹먹했습니다. 그의 세례명 아우구스티노는 어디에도 없습니다. 생전에 직접 용서하지 못한 후회가 사무칩니다. 때를 놓친 것 같습니다. 기회는 다시 없습니다.

장례 동안 허방을 디디는 저에게 묵주가 지팡이였습니다. 그가 화해를 청할 때 다시 입을 상처를 두려워하지 말아야 했습니다. 매번 묵은 상처가 덧나는 것은 그것을 온전히 봉헌하지 않았기 때문임을 그제서 깨달았습니다. 주님! 제가 죄인입니다. 기도가 부족했습니다. 용서해 주소서.

그를 위해 연미사를 봉헌하고 그를 위해 전대사의 은혜를 구합니다. 주님! 저를 불쌍히 여기시어 자비를 베푸소서. 기도는 계속됩니다.

ESSAY by Chung Yeon Soon 2

둥근 하루

　오늘 해지는 시각은 17시 48분 31초. 시간을 넉넉히 잡고 해지는 걸 구경하러 뒷산에 올라갑니다. 금수산 능선과 능선이 만나는 정동 방향 그쯤에서 떠오른 해가 남쪽을 돌아 서쪽으로 기우는 동안이 오늘 낮이었던 것입니다.

　청풍호수 건너편으로 해가 기웁니다. 노을은 언제나 상상 이상으로 다채롭습니다. 하늘이 치자빛으로 물들고 해는 홍시처럼 익어 능선 너머로 내려앉습니다. 쪽빛 호수에 주황빛 꽃길이 찬란합니다. 해가 꼴깍 넘어갔습니다. 속절없습니다. 해는 날마다 완숙하고 나는 설익은 채로 또 하루를 먹습니다. 하늘이 삽시간에 고루 홍시빛입니다. 뜨거운 안녕! 노을은 잠시 찬란하고 오래 쓸쓸하네요. 박명은 미련처럼 애잔합니다.

　순천만 용산 전망대에서 가을 해넘이를 기다립니다. 갈대밭 사이로 난 물길이 풍만한 여인처럼 매우 관능적으로 보입니다. 반짝이는 갯벌에 염생식물들이 크고 작은 원반 모양을 이루고 있습니다. 인상파 화가의 캔버스 같습니다.

물길 끝에 작은 보트가 까맣게 보이네요. 먹물 적신 붓질처럼 검은 구름이 해를 가립니다. 내 삶의 어느 지점을 가렸던 저같이 두터운 구름이 기억납니다. 빛이 보이지 않는 구름 속에서 느꼈던 사무치는 외로움이 기억납니다. 찌릿한 아픔이 스칩니다. 기억은 때로 얼마나 성가시고 무거운지요.

먹빛 마블링처럼 결이 꿈틀거리는 용암 같은 황혼색, 그것에 매달린 하루의 끝자락이 뒤척입니다. '내일'을 약속하는 희망의 증표로 해는 날마다 붉은 수의를 입는 것일까요. 윤곽이 뚜렷해진 굴렁쇠가 능선에 닿자 물에 빠진 해를 끌고 까만 보트가 달려옵니다. 물이랑이 너울거리고 염생초 위로 라벤더색이 어립니다. 구름이 있어 노을은 더 강렬한 드라마가 됩니다. 렌즈 속 역광의 실루엣은 얼마나 단순하고 강렬한지요. 어둠이 빠르게 짙어져 하늘은 어느새 야청입니다.

한 어둠이 있었습니다. 일본 나오시마 섬에 있는 안도 다다오 건축 중 하나인 미나미데라(Minamdera)*는 옛날 금융조합의 양곡창고와 흡사하더군요. 창문이 없는 야키스기 외벽이 처마가 긴 평형지붕을 이고 있어 매우 단순하고 엄격한 느낌이었습니다. 지붕의 그림자가 직삼각형 모양으로 떨어지는 입구에서 빛과 그림자의 변화를 읽으며 줄을 서있었습니다. 제임스 터렐(James Turrell)** 『달의 이면(Backside of the moon)』 미술관 리플릿의 안내

---

* 미나미데라(Minamdera) : 안도 다다오의 건축. 나오시마에 있는 전시관 중 하나
** 제임스 터렐(James Turrell) : 미국. 빛과 우주주의적 예술가.

는 더 이상 친절하지 않았습니다. 그래도 기대와 호기심이 저를 부추겼습니다.

 미술관 실내는 어둠이 완강하고 단단하게 가득 차 있었습니다. 충격과 불안과 고립 속에서 의지할 무언가가 간절했습니다. 오른손을 벽에 대고 왼손으로 앞사람 옷자락을 잡고 발을 내디뎠습니다. 역시 사람은 혼자 살 수 없지요. 아무것도 예상할 수 없었습니다. 오른손 끝 촉각이 곤두서고 앞사람을 놓칠세라 왼손에 절로 힘이 들어가데요. 코너를 돌고 돌면서 어디서든 빛이 있기를 기다렸습니다. 사람의 눈이 어둠에 적응하는데 필요한 시간은 대략 8분이라지만 그 시간 동안 터렐의 어둠은 완벽했습니다.

 어둠이 속삭입니다. '더듬어서 의자에 앉으세요.' 얼마나 지났을까요. 정면의 직사각형창으로 아주 가냘픈, 흔들림 없는 푸른 빛이, 깊은, 먼 먼 적막에서 소리를 싣고 아득하게 서서히 왔습니다. 바람, 새, 발걸음. 소리는 빛 속의 움직임이며 빛은 해로부터 오는 생명이고 희망이었습니다. 나는 우주의 한 점일 뿐. 어둠의 경험은 대단히 강렬한 감동이었습니다.

 빛의 건축가와 빛의 마술사, 안도 다다오와 제임스 터렐, 둘의 콜라보. 욕심 같아서는 그 공간 속에 더 머무르고 싶었습니다만 전시관의 진행에 따라 출구로 나왔습니다. 감상이 충분치 않은 채로였습니다. 빛 속에 나서자 가슴이 펴지면서 날숨이 터졌습니다. 긴장했던가 봅니다.

 또 하나의 빛을 기억합니다. 상페테르부르그 근교 호텔에 묵을 때였습니다. 저녁 먹고 한참 산책을 했는데도 해는 중천에 있더라고요. 암막 커튼을 치고 자정에 알람을 맞춰두고 한숨 자고 일어났는데도 여전히 낮이었습니다. 해를 붙들어 맨 것처럼요. 시간으로는 새날인데 말입니다.

  자작나무 우듬지로 해가 내려앉고 이윽고 뿌리로 잦아들었습니다. 별이 돋지 않은 흰 밤이 새벽으로 가고 있었습니다. 순환에 익숙한 몸과 정신이 휴식과 숙성을 건너뛰고 피로한 아침을 맞았습니다. 밤은 생물의 생존에 필요한 절대조건임을 알았습니다.

  누구에게나 해는 뜨지만 삶의 결과가 같지 않은 것처럼 노을도 그렇지 않을까요. 해가 떠서 지기까지 겪은 일이 달라서일 터이지만 해는 어디서든 어떻게든 익기 마련. 익는 다는 것은 비움 또는 초월일 것입니다. 노을은 빛 속에 어둠을 품고 어둠 속에 빛을 품어 내일이 되는 까닭에 하루는 영원히 둥글다는 생각을 합니다. 내가 노을에 녹아들 때 노을이 속삭이네요. 메멘토 모리(Memento mori)! 감사할 따름입니다.

ESSAY by Chung Yeon Soon

바다사자가 산에서 자는 까닭은

두 번째로 뉴질랜드 남섬을 여행하고 있습니다. 10년 만입니다. 와이파파 포인트*의 등대를 향하고 새벽 산책을 합니다. 이곳은 바다사자 서식지로 알려진 해안입니다. 동살이 좍 퍼집니다. 푸른 하늘 흰 구름, 뭍으로 달려오는 파도, 상쾌한 바닷바람, 우주의 에너지를 느낍니다. 빨강색 문이 있는 새하얀 등대가 가까이 보입니다. 오른편으로 산을 끼고 왼편은 가파른 비탈 저 멀리 수평선이 보입니다.

풀숲이 우거진 산에서 무언가 무지 크고 거무스름한 짐승이 불쑥 머리를 내밉니다. 구불렁구불렁 배를 밀고 내 발 앞을 가로 지릅니다. 하마터면 밟을 뻔 했습니다. 지~ㄴ짜 식겁했어요. 와중에도 잽싸게 핸드폰 동영상을 찍습니다. 녀석이 움찔, 힐끗 눈길 한 번을 줍니다.

'뭐야?'

---

* 와이파파 포인트(WaipapaLighthouse) : 뉴질랜드 남섬 남쪽해안

'아, 아니예요. 가던 길 그냥 가세요.'

내 말을 알아들었을까요. 녀석이 머리를 하늘로 들어 거하게 하품을 합니다. 음치의 발성연습 소리 같아요. 하지만 우두머리의 위엄이 있습니다. 그 덩치로 비탈을 타고 해안으로 내려가는 겁니다. 문득 타이어 고무를 배와 무릎에 대고 엎드려 이동하면서 수세미를 팔던 노량진 시장 아저씨가 생각나는군요. 지금 어떻게 지내시는지? 오래 잊고 있었어요.

등대 옆에 해안으로 내려가는 좁은 길이 있네요. 좁다란 백사장에 녀석들 무리가 자고 있군요. 산에서 외박한 녀석이 그중 한 녀석에게로 곧장 직진합니다. 몸집이 조금 작은 녀석이 기척을 알고 눈을 비비면서 윗몸을 일으킵니다. 두 녀석이 냅다 입을 맞추고 얼굴을 비벼대며 진하게 굿모닝 인사를 하네요. 저리 사랑스러운 짝을 두고 녀석은 왜 산으로 가서 자고 올까요?

연구자들의 설명으로는 해수면이 높아지면서 백사장이 좁아진 까닭에 무리에게 잠자리며 쉴 곳을 내주는 거랍니다. 먹이는 바다 속에 있으니 날마다 오르락내리락 할 수밖에요. 이처럼 고난도의 배밀이 트레킹을 날마다 해야 하다니요. 딱한 노릇입니다.

호키티카* 해변은 아예 백사장이 없어졌습니다. 10년 전에는 아마추어 설치미술가들이 해안에 떠내려 온 쓰레기로 만든 작품을 전시하고 있더군요. 잿빛 유목을 의지하고 꼬챙이로 엮은 오두막은 넝마와 스티로폼과 페트병으로 지붕을 이은 것이었습니

---

* 호키티카(Hokitika) : 뉴질랜드 남섬 서쪽해안

다. 갈매기, 숲, 비행기 등등의 작품 사이를 맨발로 걸었죠. 지금 백사장은 완전히 사라졌습니다. 축대 위로 해안 산책로가 뻗어있고 파도가 축대에 바로 부서지는군요.

  프란츠 조셉 빙하*도 10년 전과는 딴판이었습니다. 강가 자갈밭에 10년 마다 표지판을 세우는 데요. 'In 2008, the glacier ended here' 당시의 사진과 함께 빙하의 변화를 증언하고 있습니다.

  10년 전에도 오늘처럼 묽은 쌀미음을 푼 것 같은 흰 강이 콸콸 흘렀습니다. 계곡에 그득한 물소리의 리듬과 힘이 살아있음을 느끼게 하였습니다. 물살이 강하면서도 부드럽고 차가웠습니다. 프란츠 조셉 빙하는 어마어마하게 웅장하고 풍만했습니다. 옥빛이 어리어 흰빛이 더 신비로웠습니다. 비행기를 타지 않고서는 깊고 먼 곳에서부터 골짜기를 가득 채운, 지구가 살아온 시간의 켜를 다 볼 수 없었습니다. 빙하 가장자리에 고드름 물방울이 뚝뚝 떨어지데요. 빙하는 내장으로부터 무한정 물을 토해내고 있었습니다. 빙하에 손바닥을 대자 쩍 들러붙어요. 내 체온만큼 빙하가 녹아내리는 것 같아 민망했습니다.

  2008년 표지판을 지나 돌길이 이어집니다. 10년 전에는 빙하의 바닥이었을 테지요. 헉헉 숨이 찹니다. 시간을 거슬러 가는 것입니다. 강폭이 상당히 넓어졌습니다. 둑이 터진 것처럼 거센 물살이 바다로 달려갑니다. 한 시간 남짓 올랐을까요. 출입금지 테이프가 길을 막네요. 아주 멀리 골짜기에 빙하가 겨우 조금 보입

---

* 프란츠 조셉 빙하(Franz Josef Glacier) : 뉴질랜드에서 가장 큰 빙하.

니다. 호스피스 병동의 환자처럼 창백합니다. 지구가 저토록 심하게 아프네요.

자연이 아픈데 사람이 온전할 수 있을까요? 그린란드 북서쪽 잉글필드 브레드닝 지역에서 시베리안 허스키들이 발목까지 차오르는 물길을 달리며 썰매를 끄는 영상을 얼마 전에 보았습니다. 평년 이맘때라면 1.2미터 두께의 얼음 위를 달렸을 터이지만 기온이 15도나 오른 탓이라고 합니다. 그린란드 빙하의 40%가 녹기 시작했으며 하루에 200억 톤 얼음이 물이 되고 있다고 하더군요.

해수면 상승으로 태평양의 섬들은 가라앉기 전에 먼저 황폐화되고 있다지요. 바닷물이 범람하여 지하수에 염분이 스며들고 농작물 생산은 물론 식수마저 사라진답니다. 섬나라들은 해발이 높은 땅을 사들이고 이주를 계획하지만 해수면 상승 속도에 비해 기후난민 문제해결은 더디기만 하고요. 우리나라도 동해와 서해의 어종이 달라지고 정동진도 백사장이 줄어들고 해운대 해변은 수중방파제를 설치하여 모래 유실을 막고 있지요.

외설악의 유명 리조트에서 암담했던 적이 있습니다. 울창하던 소나무 숲을 싹 밀어내고 어마어마한 리조트와 호텔이 꽉 차게 들어섰는데 아직도 건축공사가 한창이더군요. 이래도 되는가? 맥이 빠지더라고요. 마침 울산바위에 막 아침 해가 닿고 있었어요. 바위가 제 몸을 갈라 기어이 키워내는 소나무는 자연의 웅변 같았습니다.

'동해가 울산바위에 철썩일 때 인류는 어디에 있겠느냐? 숲은 시들지 않는다지만 이렇듯 사라지고 있으니 더 늦기 전에 손을

써야 하지 않겠느냐?'

 기후 재앙은 과학의 예측을 앞지르고 있습니다. 숲은 사라지고 쓰레기는 쌓이고 탄소배출량은 줄지 않죠. 기업은 이윤만을 생각하고 정치는 기업과 손을 잡고 문화는 소비를 부추기지요. 사라지는 것들은 기억될 뿐 부메랑은 이미 왔습니다. 와이파파 포인트의 바다사자도 태평양 섬사람들처럼 이주를 고민하고 있을 것 같습니다.

 아껴 쓰고 나누어 쓰고 바꾸어 쓰고 다시 써야겠다는 생각을 합니다. 분리배출이야 당연하고요. 기꺼이 불편을 선택해야 하겠습니다. 지구는 모든 것이 서로 영향을 주고받는 유기체임을 새삼 깨닫습니다. 지구는 인류공동의 집이라는 프란치스코 교황님의 말씀이 종소리처럼 울립니다.

ESSAY by Chung Yeon Soon

상상과 기억의 콜라보

 어버이날입니다. 아이들이 카네이션 대신 운동하자는 바람에 넷이 공치고 밥 먹고 종일 즐거웠습니다. 잠자리에 들었는데 섬광처럼 친정 부모님이 떠오르는 겁니다. 친정 식구들은 외며느리인 나에게 하나같이 이르셨죠. 너는 시댁만 잘 건사해라. 그렇다고 그래야 했을까요? 안타깝습니다.

 벌떡 일어나 컴퓨터 화면에 부모님 사진을 띄웁니다. 쪽진 머리에 한복차림 어머니는 의자에, 양복정장 아버지는 어머니 등 뒤에서 의자 등받이에 한 손을 올려놓고 서 계십니다. 50대 즈음인 것 같아요.

 살아계신 것처럼 말합니다.

 '오늘이 어버이날이에요. 카네이션 대신 좋아하시는 해물찜 만들어 드릴게요. 연한 언양 미나리랑 쪽파도 부추도 단맛 나는 지금이 제철이죠.'

 '할 줄 아나? 언제 붙들고 가르친 적도 없는데.'

 깊고 두꺼운 팬에 기름을 두르고 찹쌀가루 고추장 고춧가루를 넣고 육수로 농도를 맞추면서 되직하게 풀을 쑵니다. 남편이 평소처럼 눋지 않게 저어줍니다. 푹푹 찹쌀풀이 튀면 볶아놓은 미나리 쪽파, 머리를 떼고 쪄서 식힌 콩나물을 넣습니다. 홍합 고둥 미더덕, 칼집 넣어 썬 갑오징어를 차례로 넣어가며 계속 저어야 합니다. 직관과 경험이 계량을 대신하지만 별반 어긋나지 않아요. 조정 가능한 오차 범위입니다.

들깨가루와 부추를 넣고 방아잎으로 풍미를 더합니다. 실고추와 볶은 당근채를 넣고 간을 합니다. 농도가 묽으면 소금을 쓰기도 하지만 기본간은 집간장에 까나리 액젓을 조금 쓰지요. 젓가락으로 먹을 정도라야 농도가 좋은 겁니다. 흰밥에 나박김치를 곁들여 우묵한 흰 접시에 담아냅니다. 와! 예술!

'간도 맞고 농도도 좋고 색도 향도 살아있네. 우째 이리 잘 만들었노.'

화면이 꺼집니다. 엔터키를 누르고 이야기를 이어갑니다.

'엄마 딸이잖아요. 친구가 코로나 후유증으로 입맛이 통 없대요. 제일 먹고 싶은 게 뭐지? 묻다가 나도 모르게 '나는 울 엄마 해물찜!' 해버린 거예요. 딩~ 실수!? 무시로 엄마 해물찜이 먹고 싶어요. 아플 때도 그것만 먹으면 벌떡 일어날 것 같거든요. 엄마 말고 누가 그걸 만들어 주겠어요? 제 영혼의 음식을요.'

자라면서 어머니 손맛 해물찜 그 오묘한 맛이 영혼에 배었나 봅니다. 먹을수록 구수하고 매콤한 맛에 싱싱한 바다 향기며 아삭한 야채의 식감까지 어우러져 감동이 출렁거리죠. 은근 중독성이 있는지 밥은 뒷전이고 찜만 먹어요. 오목오목 먹는 나를 바라보시는 눈빛에서 '눈에 넣어도 안 아플 내 새끼!' 말씀이 보였죠. 생각만 해도 입안에 침이 고이고 엄마가 눈앞에 오신 것 같습니다.

십수 년째 해외에서 설 차례를 모셨습니다. 현지에서 구할 수 있는 재료로 간단하게 상을 차리고 노트북 화면에 시부모님 사진을 띄웁니다. 어려운 시절을 사시면서도 속정 깊고 정직 근면한 모범을 보이셨던 분들입니다. 두 분이 워낙 애틋한 금슬이라 가끔 찡하니 감동할 때도 있었어요.

'자! 아버지 어머니 와인 한 잔 하시죠.'
'도미가 엄청 크네. 비쌀 낀데.'
'애비가 바다낚시로 잡은 거예요. 월척이요.'
무중력 상태에 든 것 같은 착각이 듭니다.
'이건 아보카도라는 거예요. 아버님 어머님 못 드셔본 건데 지금은 한국에도 흔해요.'
'이름이 뭐라꼬?'
'아 보 카 도.'
'네가 우리 첫손자 돌 때 금반지 선물 들어온 거를 몽땅 내 가락지 쌍가락지 목걸이 비녀 다 만들어 줬잖아. 하고 계시다가 필요 없으실 때 어머니가 직접 손자 주세요. 하면서. 평생 그런 패물은 처음이라 얼마나 좋던지. 근데 어쩌다 보니 너한테 고맙다는 말도 못했는데 세상 뜰 때 그걸 딸한테 줬으니… . 그거 없어도 너희는 잘 살 거라는 생각만 했어. 참말로 미안타. 고맙다.'
'그러셨구나. 어머니 마음 알 것 같아요. 다 지난 일이예요. 잊어버리세요. 어느 해 겨울에 밖에 뒀다가 뜨끈뜨끈한 아랫목에서

먹어봐라. 하시면서 호박죽 주셨어요. 아이스크림하고는 차원이 다른 맛이더라고요.'

'너희들 처음 자가용 사고 제일 먼저 혼자 사는 누나 여동생 다 태우고 시골 고향 가보고 친척도 만나고 몇날 며칠 여행시켜 줬잖아. 호강했지. 소원 풀었어. 멀미 겁나서 아무데도 못 갔는데 운전하는 아들 옆에 타니까 멀쩡하더라. 좋기만 하데. 그 참!'

'저는 사실 좀 삐졌죠. 처음 자가용 여름휴가 잔뜩 기대하던 참이라 휴가 하루라도 남겨주지, 너무 한다 싶었거든요. 애비는 뿌듯한가 보더라고요. 지금은 애비가 참 잘했다 싶어요. 살면서 보니까 미루다 후회하는 일도 많아요.'

몇 번이나 엔터키로 꺼진 화면을 살려내면서 그렇게 이야기를 나누는 것이 우리가 해외에서 드리는 차례입니다.

결혼 50주년. 올해부터 차례는 모시지 않고 연미사 드리고 납골당 성묘를 합니다. 꽃 달아 드릴 가슴도 흙이 되셨을 세월이 지나갔습니다. 시간에 풍화되지 않는 것이 있겠습니까? 이 생각 저런 상상하다 보니 올해 어버이날도 벌써 어제가 되었습니다.

ESSAY by Chung Yeon Soon 2

손톱의 발견

언제 손톱이 이렇게 길었지? 며칠 나를 잊고 있었던 걸 알아챕니다. 텃밭에 씨 뿌리고 모종 심느라 바쁜 만큼 고달팠을 손톱입니다. 왼손 검지 손톱은 끝이 잘려나가서 삐딱하네요. 당근채를 썰다가 손톱을 날리는 순간 섬뜩하던 느낌이 살아납니다. 손끝에 손톱을 달아준 신의 배려에 감사합니다. 과연 손톱은 손의 방패입니다.

쇼팽 녹턴을 집안을 채울 정도로 볼륨을 맞추고 돋보기를 끼고 손톱을 다듬기 시작합니다. 손톱을 자르고 거스러미를 정리하고 줄로 가장자리를 마무리하는 동안 기분이 안정됩니다. 이 시간이 참 좋습니다.

여고생 손녀가 손을 내밉니다. 아이는 그대로 싱싱한 꽃바구니입니다. 손톱이 꽃밭이네요. 아몬드 모양으로 다듬은 손톱에 파릇하니 새싹이, 꽃이, 그네가, 고운 바람마저 느껴지네요. 소녀가 꽃밭에서 그네를 타고 상상의 나래를 펴는 그림입니다. 나름 손톱에 스토리를 그렸네요. 방학이라 친구들이랑 두 시간이나 공을 들였다면서 즐거워합니다. 참 사랑스럽습니다.

　혈육도 없이 홀로 된 이모는 저를 퍽이나 예뻐하셨는데요, 해마다 봉숭아 꽃물을 들여 주셨어요. 그늘에 한나절 숨죽은 꽃잎에 백반을 섞어 찧은 것을 핀셋으로 손톱 위에 놓고 봉숭아잎으로 감싸서 무명실로 동이는 겁니다. 손가락이 푸르딩딩하면 얼른 풀어서 호호 조물조물 다시 처매주었죠. 밤새 수잠을 자고나서 그걸 쑥쑥 빼면 손끝에 실바람이 일면서 얼마나 시원하던지요. 노랑이 갈앉은 빨강 그 부드럽고 깊고 매혹적인 색으로 손톱이 꽃이 되는 순간 공주병이 도지고 상상이 날개를 달았죠. 지금은 그 꽃물을 문방구에서 판다지요. 칠하고 30분이면 끝. 세상 편해졌다고 말하고 싶지 않네요.

　코비드19가 셀프 매니큐어 유행에 한몫 단단히 한 것 같습니다. 매니큐어는 라틴어 마누(manus:hand)와 큐라(cure:care)의 합성어라네요. 기원전 3000년경 이집트와 중국에서 유래되어 클레오파트라도 즐겼다는 기록이 있답니다. 손톱 장식은 애초부터 주술적이거나 계급에 따른 부와 권력의 상징이어서 색이 짙을수록, 길이가 길수록 높은 신분이었다지요.

　우리나라의 매니큐어는 봉숭아꽃물 들이기에서 비롯되었답니다. 고려 충선왕이 몽고에 끌려갔을 때 시녀가 조국을 그리며 봉숭아꽃물 들인 것을 보았데요. 환국 후 시녀들에게 봉숭아꽃물을 들이게 한 것이 시초라고 전합니다. 귀신을 쫓고 액운을 막아준다는 믿음이 더하여 민간에 널리 퍼졌을 것입니다. 조선 선조 때 우의정을 지낸 이원익의 초상화에 보이는 흰색 매니큐어는 가야

금이나 거문고를 연주할 때 손톱이 부러지는 것을 막기 위한 약품 처리였다고 합니다.

한국전쟁 이후 본격 매니큐어가 들어왔습니다. 당시에는 새빨간 매니큐어, 새빨간 립스틱에 빠글이 펌만으로도 화류계 여성이려니 했지요. 문화는 자연에 의지하고 시대의 영향을 받으면서 진화와 쇠락을 반복하고 유행은 유행의 속성대로 시대를 아우르며 세련되고 보편화되는 거지요.

88서울올림픽 때 처음 이태원에 전문 네일샵이 문을 열었습니다. 그때만 해도 미국 일본 등지로 가서 기술을 배워서 네일 아티스트가 되었다고 합니다. 지금은 국내의 전문학원을 거쳐 자격증 취득, 개업이 일반적인 수순이랍니다. 만만찮은 비용에도 숱한 가게가 성업 중인 것은 서비스를 받으면서 인정받고 싶은 욕구가 채워지고 힐링을 느끼기 때문이라고 합니다.

오래도록 매니큐어는 열 손톱이 같은 색이었어요. 다른 색이 섞이면 온정신이 아닌가, 했죠. 저 손으로 살림을 어떻게 하지? 아이는 어떻게 키우지? 한 듯 만 듯 벚꽃잎 같은 매니큐어였는데도 시어머님께서 외며느리감인 내 손을 보고 하신 말씀입니다. 요즈음 네일아트는 그림을 그리고 색과 질감을 더하여 보석을 올리는 경지에 이르렀습니다. 쯧쯧, 도리질에 심각하신 어머님 표정이 그려집니다.

영화 『여인의 향기』에서 알파치노가 분한 주인공 슬레이드 중령과 가브리엘 앤워가 분한 도나가 고급 레스토랑에서 처음 만나 탱고를 추는 장면 기억하시나요? 슬레이드의 어깨에 가볍게 올려놓은 도나의 손, 그 빨강 매니큐어는 매혹적이고 강렬한 정열이었습니다. 매니큐어의 언어를 처음 경험했죠.

코네일 엑스포에는 온갖 용품과 액세서리들이 즐비하더군요. 실용성과 편리를 더한 탈부착 제품도 인기몰이 중이고요. 상상이상 놀라움이었습니다. 손재주와 기술력을 바탕으로 네일 뷰티 산업의 선두를 차지한 한국인의 저력을 보여주는 장마당이었습니다. 유행은 인식을 바꾸는 힘을 가지고 있는 거죠.

손은 생애를 쓴 공책이라는 생각을 합니다. 뼈를 깎는 노동으로 손마디가 휘어지고 손톱이 뭉그러진 노인의 손에서 몇 권의 소설을 읽을 수 있지 않던가요. 손은 생존의 드라마이기도 합니다. '손톱이 다 닳아서 이래.' 평생 농사에 이골 난 점순 할머니의 손을 잡는 순간 발레리나 강수진 씨의 발이 겹쳐지더군요. 전신을 타고 흐르는 감동이 거룩한 것이 아름답다는 진리를 일깨워 주었습니다.

손톱이 손을 보호하는 게 아니라 손이 손톱의 거치대 같은 경우를 봅니다. 일하지 않아도 이렇게 사노라 으스대는 재력의 과시로 다가오지요. 차갑고 이기적일 것 같아 거리감을 느낍니다. 편견이나 세대 차이 혹은 취향 차이일 수도 있긴 합니다. 거칠고 투박해도 마음이 담긴 손, 따스한 손은 언제나 저에게 어머니를 느끼게 합니다. 그런 손을 맞잡고 눈을 바라보면 마음이 깊어집니다.

'이 담에 손에 물 한 방울 안 묻히게 해줄게.' 달콤했던 말을 추억하며 내 손을 읽어 봅니다. 물때 앉아 두꺼워진 피부, 굵어진 손마디, 궂은일도 마다않는 열성과 끈기의 흔적이 새겨진 것 같습니다. 손톱 다듬기의 마무리로 듬뿍 핸드크림을 바릅니다. 손이 부드러워지고 손톱이 정갈해졌습니다. 녹턴도 끝이 나네요. 저의 자기사랑 시간이었습니다.

ESSAY by Chung Yeon Soon

어머님의 유산

 어머님은 병원가시길 싫어하셨습니다. 알약 삼키기가 힘들어서 감기약도 가루약이 좋다고 하셨지요. 그런 어머님이 배가 아프다고 전화를 주셨습니다. 교중미사 후에 점심 먹은 게 잘못된 것 같다 하시면서요. 저희는 마침 부산에 있었어요. 2박3일 ME 주말 봉사를 마치고 일요일 한밤중에 서울로 돌아왔습니다.

 월요일 일찍 어머님 댁에 갔더니 아랫목에 누워 계셨습니다. 밤새 많이 앓으신 듯 안색이 창백하고 지쳐보였습니다. 배를 만져보니 크고 작은 고구마 같은 것이 세 개나 만져졌습니다.

 "네가 만지니까 시원하네. 아무도 만져주는 사람이 없어. 입만 가지고 말만 시키지. 괜찮을 끼다."

 오히려 저를 안심시키시더군요.

 병원에 갔습니다. 의사 지시대로 바로 입원실로 모셨습니다. 어머님은 처음 겪는 일이라 어리둥절하시더군요. 침대며 이불도 그렇고 한 방에 여러 사람이 있는 것도 불편하신 것 같았어요. 더군다나 식사는 영 입맛에 맞지 않아서 한술 뜨고는 수저를 놓으셨어요. 언제 집에 가는지 그것만 생각하시는 것 같았죠.

　금식에 채혈에 촬영까지 긴 검사과정을 무서워하면서도 애써 침착하셨습니다. 착한 아기 같았어요. 의사는 저에게만 결과를 일러주었습니다. 여기저기 나쁜 놈이 퍼졌는데 어디서 시작된 건지는 알 수 없고 워낙 고령이시라 수술도 할 수 없다고요. 그리고 어머니에게 물었어요.

　"그동안 아프지 않으셨어요?"

　"그냥 마, 견딜 만 했심니더."

　안타까움이 명치에 뭉쳤습니다. 그저 견뎌내는 것. 웬만해서는 내색 않는 것. 이유는 딱 하나. 자식 걱정 시킬까봐. 어려운 시절 당신은 부엌에서 먼저 밥을 먹었다고 우기면서 허기를 맹물로 견디셨던 분. 우리 어머님은 그런 분이셨습니다.

　입원 닷새째. 변을 보시는데 영 안 되는 겁니다. 문 밖에서도 안간힘을 쓰는 기척이 훤했습니다. 기운 빠지면 안 되니까 관장을 하자고 해도 조금만조금만 하시면서 주님의 기도를 계속 외셨어요. 배변이 난산보다 어려운 것 같았어요. 나도 어느새 뒤에 힘을 주고 있더라고요. 어느 순간 끙 용을 쓰시더니 천둥처럼 '하늘에 계신 우리 아버지'하고 외치시는 거예요. 순간 변이 나왔습니다. 주먹처럼 생겼어요. 저에게로 쓰러지는 어머님을 안고 뒤처리를 하고 물을 눌렀습니다.

　식은땀이 빗물처럼 흘러 환자복이 푹 젖었습니다. 진이 다 빠진 어머님은 말씀도 못하고 일어서지도 못하셨어요. 간신이 침대에 눕혀드리고 수건으로 머리며 몸을 닦고 환자복을 갈아입히자

'됐다.' 하시고는 이내 잠드셨습니다. 얼굴이 해쓱하더라고요. 두어 시간 후에 잠을 깨신 것 같은데 나를 보는 눈빛이 심상치 않은 겁니다. 의사가 이름을 불러도 대답이 없고 눈이 초점을 잃었어요. 혼수에 드신 겁니다. 해외출장 중인 남편에게 전화를 하고 임종 준비를 서둘렀습니다.

그토록 좋아하시는 외아들집에서 떠나게 하리라는 생각을 오래 전부터 하고 있던 터였어요. 큰 방을 깨끗이 청소하고 침대 시트를 갈고 베게와 홑이불을 정리하고 어머님께 입혀드릴 한복 일습을 챙겨놓고 병원으로 달려갔습니다. 어머님은 편안하게 주무시고 계셨습니다. 숨소리도 고르고요. 저녁 때 남편이 돌아왔습니다. 세상 사랑하고 믿는 아들이 손을 잡고 애타게 부르는 데도 잠드신 그대로 반응이 없는 거예요.

의사가 집으로 모시는 게 좋겠다고 하였습니다. 구급차에 모시고 집으로 왔습니다. 얼추 자정 무렵이었어요. 침대에 모시고 물수건으로 전신을 닦은 다음 고슬고슬 희고 부드러운 속옷을 입히고 버선을 신겼습니다. 자그마한 발이 희고 예뻤습니다. 생신 때 해드렸던 연분홍 실크 한복을 입혔습니다. 나들이 가실 채비가 다 되었습니다. 성수를 뿌리고 우리 내외와 딸들이 침대 가에 둘러앉아 선종기도와 성가와 묵주기도를 계속했습니다. 몇 시간이 지났을까요. 깊은 숨을 두 번 쉬시고 영면하셨습니다. 85년 생애가 끝났습니다. 아침이 밝았습니다.

구급차가 운구는 안 한다고 해서 우리 차로 모셨습니다. 남편이 운전을 하고 어머님은 흰 면포로 감싸서 제가 안고 성당 영안

실로 향했습니다. 어머님은 아들 차를 타면 이상하게 멀미도 안 난다 하시면서 아들 차타기를 엄청 좋아하셨어요. 입원하신 지 일주일 만에 세상에서 제일 좋아하는 아들 차를 타고 올림픽도로를 드라이브하셨습니다.

어머님께서 수년 동안 아버님 병수발 드시고 아버님을 유택에 모신 날이었습니다. 장지에서 돌아와 안방 아랫목에 털썩 주저앉으시더니 천정을 하염없이 바라보시더군요. 그리고 말씀하셨습니다.

"아이고, 참말로 지붕이 휑 날아간 거 겉애."

59년 한 몸이던 반려를 이별한 슬픔의 외마디였습니다. 부부는 그렇게 지고한 사랑인 것을요.

그리고 어머님의 마지막 말씀. 있는 힘을 다하여 외치신 기도.
"하늘에 계신 우리 아버지!"

저는 어머님의 이 두 마디를 유산으로 간직하고 있습니다. 금보다 귀한 보물입니다.

어디다 대고 기도해?

제가 어려운 수술을 하게 되어 울산에서 서울로 올라와서 큰 병원에 입원했습니다. 입원실 창가 침대에 아주머니가 눈을 감고 누워계셨어요. 고민이 얼굴에 배어 있었어요. 주무시는 줄 알고 소리 내지 않으려고 그림자처럼 움직였죠. 2인실이라 더 조심스럽더라고요.

어디서 왔느냐, 왜 왔느냐, 남편은? 아이는? 고분고분 싹싹하게 대답하였습니다. 요즘 말로 신상이 완전 털린 셈이죠. 아주머니는 오래 아는 사이처럼 나를 걱정해주셨어요. 괜찮을 거야. 젊으니까. 병원 규칙이며 의사 간호사 이야기를 다 해주시는 겁니다. 수더분한 이모 같았어요. 동병상련이란 말이 실감났습니다.

아주머니는 유방암 4기. 입원 한 달째 수술을 못하고 있답니다. 수술실만 들어가면 혈압이 올라가서 세 번이나 그냥 나왔다네요. 이러다 수술도 못 받아보고 죽는 거 아닌가 불안하고 초조해서 가슴이 타들어간답니다. 어찌 안 그렇겠어요.

여기야. 젖가슴을 열어 보이며 만져보라고 하세요. 유방 바로 아래 매직으로 X표시를 하고 그 위에 오버에 다는 구멍 네 개짜리 큰 단추를 달아놓았더군요. 1980년이니까요. 작은 것에는 양복단추를 달아놓고요. 섬뜩했어요. 큰 것은 도토리 작은 것은 앵두만 한데 단단하더라고요. 나는 여러 가지 수술 전 검사를 하느라 분주하고 아주머니는 혈압치료만 하니까 한가했어요.

우리 집은 여기서 가까워. 목재소야. 땅이 엄청 넓어. 살만 하니까 죽을 병이 들었어. 진짜 억울해 죽겠어. 내 고생한 건 말로 다 못해. 사방 산 밖에 안 보이는 깡촌 오두막에서 시부모님하고 시동생 시누이 아홉 식구가 살았어. 우리 집 양반이 맏아들이야. 손톱이 닳도록 일을 해도 보릿고개를 못 넘기겠더라고.

남편을 꼬셔서 편지 한 장 써놓고 야반도주를 했어. 신랑은 노동판에 가고 나는 애 둘을 데리고 시장 입구에서 붕어빵을 구웠지. 그러다 옥수수 뻥튀기를 했어. 그런데 튀기고 나면 기계 안에 안 튀겨진 게 꼭 몇 알씩 있어. 그걸로 물을 끓이니까 구수하더라고. 시장 사람들한테 끓여 주니까 맛있다고 난리야. 그래서 아예 옥수수를 볶아서 팔았지. 그게 옥수수차야.

날마다 돈이 가마니로 들어와. 밤에 돈을 세다가 돈에 코를 박고 잠이 드는 거야. 돈 냄새 땜에 머리가 띵해. 형제들을 다 불러올렸어. 주문 받고 배달하고 정신없이 바빴지. 그게 목재소가 됐어.

아주머니는 네 번째 수술시도도 실패였습니다. 저는 수술 후 회복 중인데 말입니다.

애기 엄마! 성당에 다닌다고 했지? 우리 집에서 목재소 가는 길에 무슨 성당이라고 써놓은 거 봤어, 아직도 있나 몰라. 뭐 하는 덴가 했어. 애기엄마 염주 같은 거 늘 손에 쥐고 있는 거 같던데. 그거 기도하는 거 맞지? 젊은 사람이 무슨 기도를 그렇게 열심히 해? 어디다 대고 기도해? 나는 돈 버느라고 바빠서 이 나이 먹도록 기도 할 데도 없어.

나도 모르게 아주머니 손을 덥석 잡게 되더라고요. 감격했나 봐요. 아주머니가 내 눈물을 닦아주었습니다. 사실 기도를 어떻게 말해야 할지 잘 모르겠더라고요. 기도는 하느님께 말씀드리는 건데 나는 울아버지 울어머니한테 하듯이 말하고 조용히 마음을 모으고 귀를 기울인다고 했습니다. 아주머니가 자기 기도도 좀 해달라고 부탁하셨습니다.

아주머니 수술날이 잡혔습니다. 새벽에 아주머니 이마에 내 이마를 대고 잠시 가만히 있었습니다. 곧 의사가 와서 침대 째 수술실로 모시고 갔습니다. 종일 묵주를 놓지 않았죠. 늦은 밤이 되어서야 침대에 누운 채로 아주머니가 돌아왔습니다. 축 늘어져서 눈도 뜨지 못했습니다. 치료할 때 보니까 왼쪽 유방은 없어지고 겨드랑이도 없고 꿰맨 자국이 가시나무처럼 끔찍하게 나 있었습니다.

며칠 후에 아주머니 댁 주소를 받아서 거기 성당 수녀님께 전화를 드렸습니다. 이름과 주소와 전화번호도 말씀드렸습니다. 수녀님께서 그 댁으로 방문하시겠다고 말씀하셨습니다.

03
ESSAY by Chung Yeon Soon

어떤 생일치레

　가을 절집은 단풍놀이 소풍객들로 장날 같았습니다. 정작 절집은 법당도 승방도 문이 닫혀 있고 절문 밖의 은행나무가 주인 노릇을 하고 있었습니다. 나이가 꽤 많은 이 은행나무는 단풍이 곱기로 소문이 났거든요.

　은행나무 발치에는 샛노란 은행잎들이 두툼한 보료처럼 지천으로 깔려있어요. 나무와 인물이 한 샷에 들어오려면 보료에 들어서야 하는 겁니다. 포토존이지요. 사람들이 가까이서 차례를 기다리고 있었어요. 바람에 화르르 은행잎이 떨어지면서 가을이 무너져 내리더라고요. 사람들은 탄성을 지르기도 하고 폼 잡느라 유난스레 뭉그적거리면 구시렁대기도 해요. 포토존에서 흔히 보는 광경이지요.

　나는 조금 떨어진 바위에 앉아서 그런 풍경을 즐기고 있었어요. 뜸해진 틈에 한 부부가 번갈아 나무 밑에 선 서로를 찍어주더군요. 얼른 가서 제가 찍어드릴게요 했죠. 함박웃음으로 핸드폰을 주시는데 워낙 구형이라 제 걸로 찍었습니다.

"두 분 가까이 서세요. 더요. 김치이!"

둘이 즐거워하는 모습이 영화 장면 같았어요. 셔터를 여러 번 눌렀죠. 팔을 올려 하트를 만들기도 하고 두 손 가득 은행잎을 서로에게 마구 뿌려대기도 하고요. 아이처럼요. 동영상을 눌렀죠. 기다렸다는 듯이 바람이 은행잎을 색종이처럼 날려주는 거예요. 눈밭에선 눈싸움, 단풍 밭에선 단풍놀이!

상기된 얼굴로 쑥스러워하면서 다가오는 두 사람에게서 사람 향기가 물씬 나는 겁니다. 사진을 보고 좋아서 어쩔 줄을 모르는 거예요. 사진을 편집해서 그쪽 핸드폰으로 전송하는 동안 귀가 즐거웠습니다.

어릴 때 이리 소풍 왔어요. 저 아랫동네서 농사짓고 사는데 그래도 단풍 때 맞춰서 여기 한 번 오기가 어렵더라고요. 오늘은 이 양반 생일이라 가다가 소고기 국밥 먹고 갈라고요. 이 양반 좋을 때 태어나서 생일치레 진짜 잘 했어요. 사진도 찍어주시고. 사진 이거 온데다 자랑해야지요.

고맙다는 말을 하고 또 하더라고요. 두 사람 손을 꼭 잡고 말했어요.

"생일축하드려요. 두 분 참 아름다우세요. 행복하세요."

진심이었어요. 모자라도 만족하고 웃을 줄 아는 모습에서 사람 참 진국이다 싶더라고요. 둘이 저만치 가면서 돌아보고 손을 흔들어요. 저도요.

두 사람의 여운이 가시질 않는 겁니다. 사진은 거짓말을 하지 않는다고들 하지요. 검고 숱이 많은 생머리를 뒤로 묶은 맨 얼굴의 아내와 작지만 다부지고 활기 넘치는 남편. 사진에 건강이 넘쳐흘러요. 마음도 몸도 영혼까지도요. 다른 사람 눈에는 행복을 말하기 힘든 처지로 보일지 모르지만요. 서로 사랑하면 행복하다는 걸 똑똑히 보았습니다.

사랑 사랑. 단순해질수록 간단한 거 아닐까요? 누구도 특별하지 않지만 누구나 특별해질 수는 있으니까요.

ESSAY by Chung Yeon Soon

폐암에 걸린 이유

서울성모병원에서 자원봉사를 하고 있을 때 원목수녀님께서 호스피스 봉사를 맡겨주셨습니다. 1984년, 호스피스가 처음이라 따로 교육을 받지 못했습니다. 물론 호스피스병동도 없었고요.

수녀님께서 추천해주신 미국의 정신과의사이자 임종연구 분야의 개척자인 엘리자베스 퀴블러 로스 박사의 저서 『인간의 죽음』을 정독하면서 죽음에 대하여 깊이 생각하였고 호스피스의 중요성을 인식하게 되었어요. 호스피스는 인간이 마지막으로 존엄성을 인정받을 수 있는 봉사와 기도와 사랑이라고 확신했습니다.

할머니는 제가 호스피스 간호를 맡은 첫 환자였습니다. 72세 폐암말기였어요. 처음 뵈었을 때는 그냥 눈길만 줄뿐 별 말씀이 없었어요. 가까이 앉아서 손을 잡고 기도드리고 잠시 침묵 하다 보면 '고맙소. 가 봐요.' 하시는 겁니다. 할머니의 마음 문이 꽤 육중하게 느껴졌습니다. 감기가 걸려서 닷새 만에 갔더니 당신이 무뚝뚝해서 이제 안 오는 줄 알았다며 눈물이 그렁한 거예요. 그 날 할머니께서 처음으로 당신 이야기를 하셨습니다.

구리 변두리 절 아랫동네에서 평생 농사밖에 모르고 살았소. 외동며느린데 낳으면 딸, 또 낳으면 딸. 어머님이 밥을 안 줘. 미역국은 언감생심이고. 몸조리가 어디 있어. 이튿날로 논에 나간 걸. 셋째 낳고 하도 배가 고파서 보리쌀 삶은 걸 뒤란에 걸어뒀는데 그걸 퍼먹었지. 다디달아. 주먹만 하게 굴이 생기더라고. 어머님이 알 것 같은데 암말 안 해서 어찌 고맙던지. 우리 영감은 어머님한테 꼼짝을 못해.

어머님이 아흔 네 살인데 눈이 안 보여. 영감은 나한테 와 있지, 애들은 다 저거들 먹고살기 바쁘지. 영감이 전기밥솥에 밥해 놓고 김치 썰어 놓고 된장찌개나 뭐 그런 거 해놓으면 혼자 챙겨 잡숴. 어머님 세상 뜨신 다음에 내가 가야하는데 어머님이 젤로 걱정이야.

그런 지 열흘 쯤 되었을 때였어요. 할머니가 꼭 할 말이 있어서 나를 기다렸답니다.

내가 평생 담배를 피웠나 술을 먹나 그런데 폐암이라니 동네사람들이 다 이상하대. 나만 내 병을 알아. 넷째 낳을 때가 한창 모내기 때야. 방에서 혼자 탯줄 끊고 보니 또 딸이야. 하늘도 무심하시지. 눈앞이 캄캄하고 서럽고. 배곯고 구박당할 거 몸서리가 나.

핏덩이를 포대기에 둘둘 말아서 윗목으로 밀쳐놓고 기절을 했는지 잠이 들었는지 인기척에 깨어났어. 깜짝 정신 차리고 포대기를 풀어보니까 글쎄 애가 새파래. 애가 죽어서 나왔다고 했지.

어머님이 풀어보고 딸이니까 잘 됐다는 눈치더라고. 하늘하고 나만 아는 일이야.

그 뒤로는 파리 한 마리도 못 죽이겠고 애들한테 야단도 못 치겠고. 눈 똑바로 보면 내 속을 들킬 거 같아. 딸 여섯 낳고 막둥이 아들 하나 낳았지. 큰 딸이 첫애를 지웠다고 왔는데 내가 막 울고불고 난리를 쳤어. 모녀가 다 제 자식을…. 이게 무슨 팔잔가 싶대. 내 속도 모르고 딸년은 삐져서 울고 가고.

이 가슴에 평생 한이 맺혔어. 이 말 안 하고 가면 영영 세상 속이는 거잖아. 자식 죽인 죄가 암 덩어리가 된 거야. 그런데도 이 죄 많은 년을 머리가 허옇도록 살게 해주시고…. 큰 딸이 이 병원에 데리고 왔어. 여기가 어딘지도 몰라. 하느님 고마운 거 말도 못해.

목 놓아 운다는 말이 있죠. 할머니는 그렇게 우셨어요. 물 한 모금을 드시게 하고 쉬시자며 손을 잡고 말씀드렸어요. 내일 신부님한테 그 이야기 다 하실 수 있겠냐고요. 다음날 신부님께 총고백을 하시고 '데레사'라는 세례명을 받으셨습니다. 그리고 닷새를 더 사시고 떠나셨습니다.

데레사 할머니와의 만남과 대화를 일지로 기록했습니다. 할머니의 눈빛이나 기분과 상태까지 빠짐없이요. 처음으로 열린 호스피스 봉사자교육 프로그램에서 사례발표로 그 일지를 처음부터 끝까지 다 발표했습니다. 감동이 강의실을 달구었습니다. 눈물을 흘리는 분도 여럿이었습니다. 뜨거운 박수가 쏟아졌습니다.

ESSAY by Chung Yeon Soon

3

두 분 참 보기 좋아요

동유럽 여행길이었습니다. 마지막 날 일행 중 한 부부가 저녁식사 후에 산책하시지 않겠냐고 하였습니다. 기꺼이 그러마 했죠.

"두 분 참 보기 좋아요."

"고마워요. 좋게 봐주셔서."

"진짜. 그렇게 보여요. 혼자 오신 어르신 돌보시는 모습에 우리 다 감동 먹었죠. 그분 팔순이 넘었다 잖아요. 국경검문소에서 날치기 당한 걸 알았으니 얼마나 놀랐겠어요."

"예. 그날 밤에 그 분이 카톡을 주셨어요. '살다가 이렇게 황당한 일을 당하네요. 나름 성공한 경영인이고 사회인이라 자부했는데 날치기 위인들 현란한 손기술에 한 방 먹었습니다. 감탄만 하고 있습니다. 피로한데 잠이 오지 않아 몇 자 적습니다.' 라고요."

"그분은 여권이 없으니 결국 되돌아갈 수밖에 없었죠. 마침 그날이 토요일이라 대사관이 문을 여는 월요일까지 혼자 자그레브에 계실 수밖에요. 월요일 낮에 임시 여권을 발급받아서 우리 일행에게로 돌아오셨을 때 막 박수쳤잖아요. 우리 다 좋은 경험했어요."

"남편은 평생 공무원 하다가 지난해 인원 조정할 때 그만뒀어요. 남편 월급으로 자식들 공부시키기가 빠듯해서 미용기술을 배웠죠. 서대문에서 30년 넘게 미용실을 했어요. 미용실에는 별별 사람이 다 와요. 동네 사람은 물론이고 근처 직장여성이며 방문판매원에 구걸하는 사람도 하루에 서너 명씩 오고요.

불교 개신교 천주교신자도 오고 여호와의 증인 순복음교회, 안 오는 종교가 없어요. 가만히 보면 와서 하는 행동이며 이야기가 다 특색이 있어요. 자기 종교에 대해서 제일 말이 없는 사람들이 성당 다니는 사람이더라고요.

성당 사람들이 진실하고 믿음이 가더라고요. 수건을 개켜주기도 하고 떡이나 두유 요구르트도 살짝 놓고 가고요. 점심은 먹었냐, 배고프겠다, 위장 버리겠다, 걱정도 해주시고요. 파마할 때 머리 말고 기다리잖아요. 어떤 분은 묵주를 들고 가만히 기도를 하세요. 이담에 나는 천주교로 갈 거다 마음먹고 있었어요.

이번에 보니까 식사하실 때 이렇게 이마에서부터 십자가를 그리시더라고요. 식사 후에도 하시고요. 텔레비전에서 보긴 했는데 실제로는 처음 봤어요. 기도 하실 때 우리도 잠시 기다렸는데 모르셨죠?"

얼마 후 그 부부는 딸이 사는 창원으로 이사를 가셨습니다. 대축일마다 축하카드를 보내고 제가 쓴 책도 보내곤 했습니다. 그분들도 다정한 말씀에다 단감도 복숭아도 보내 왔어요. 아우님처럼 정이 들었어요.

주소를 가지고 본당을 확인해서 수녀님께 말씀드렸습니다. 수녀님께서 집으로 방문 오셨다고 카톡이 왔어요. 그리고 부인 먼저 입교 했다는 소식이 왔어요.

남편은 고향친구들하고 놀기 바빠서요. ㅎㅎㅎ 언젠가는 저희들도 나란히 기도할 날이 오겠지요.

쏘피아 씨는 영세 받고 바로 레지오에 입단하고 매일미사를 드린답니다.

06

ESSAY by Chung Yeon Soon

3

부모 돼봐야 부모 속 안다

　명절이 다가오면 심한 편두통이 오고 가슴이 답답했지만 그것이 명절증후군이라는 것도 몰랐습니다. 명절 2박3일을 재래식 부엌 연탄아궁이를 벗어날 틈이 없었어요. 차례 준비도 벅차지만 시누이네 가족까지 19식구였으니까요. 외동 며느리라 도와주는 사람이 없었어요. 남편이 넷이나 되는 누이들에게 거들어서 같이 하라고 좋게 말할 법도 한데 그러지 않았어요.

　방에서는 웃고 떠들지만 부엌의 나는 눈앞이 흐려지고 다리가 후들거리곤 했어요. 물에 기름 한 방울 같은 소외감도 들고요. 인내심의 한계나 체력의 위기감을 느끼면서도 명절 분위기가 내 얼굴 하나에 달려있다는 생각에 친절하고 다정하려고 안간힘을 썼죠. 내가 왜 이리 속이 좁지, 자책까지 하면서요. 미련스러움인지 세대 차이인지 요즘 젊은이들은 공감 못할 걸요.

　그렇게 명절을 지내고 집으로 돌아갈 때는 아이들을 안고 있는데도 가슴에 싸아 찬바람이 지나가는 겁니다. 야속하고 서럽고 허전했습니다. 몸도 마음도 돈도 다 주고 빈껍데기가 된 것 같았죠. 남편에게 조심스럽게 힘든 내색을 하면 '당신이 조금 더.' '그까짓 거 가지고 뭘 그래.' '그래서 어쩌란 말이야.'하고 쏘아대는 겁니다. 부모형제는 무조건 방어 1순위. 요새를 지키는 장군 같았어요. 충성심이 신앙처럼 굳건했죠.

  무슨 말을 더 하랴. 내게 주어진 십자가려니 속눈물만 흘렸죠. 그럼에도 효성과 우애가 존경스러운 것은 그에 대한 인격적인 신뢰 때문이었습니다. 남편의 협력자로서(창세기2,22-25) 부모형제를 행복하게 해주고 싶은 열망과 사명감에 나도 최선을 다해 도와야지, 머리는 그 생각이 가득했습니다. 하지만 몸도 마음도 너무 지치더라고요. 더 심한 경우도 허다하지만 제 경우는 외로움의 고통이었습니다. 18대 1의 소외감이었죠.

  힘든 건 어머님도 한몫 하셨습니다. 매달 생활비도 드리고 명절이나 생신, 제사 그 외에도 집안 대소사 때는 따로 봉투를 드리지요. 그러면 어머님은 그냥 구석에 툭 던져놓으시는 겁니다. 아무 말씀 없이요. 왜 저러실까. 적다고 그러시나. 우리로서는 힘겨운 금액인데. 무뚝뚝해도 속정이 깊어 저를 귀하게 여기시는 걸 이심전심으로 알고 있지만 매번 그러시니 이해가 안 되고 서운하고 마음이 아팠어요.

  제가 참 편안해 보인다는 말을 자주 듣습니다. 그 말은 곧 바로 성모님께 봉헌합니다. 묵주기도는 저의 안식처이니까요. 기도를 하다보면 눈물 젖은 채로 성모님 품에서 쉬게 되고 쉬고 나면 평화를 누리게 되더라고요. 예수님께서는 네 속 내가 다 안다면서 빙그레 위로해 주셨습니다. 순전히 그 덕분에 고비를 넘고 또 넘으면서도 남이 보기에는 아무 일 없는 듯이 나이 들어갔습니다.

큰 아이가 첫 월급을 탔다면서 자그만 선물상자를 내놓더군요. 아버지께는 지갑을, 내 것은 실크 머플러였어요. 머플러를 목에 둘러보았습니다. 고맙다. 멋지네. 우리 아들 최고다. 웃음꽃이 피었죠. 그런데 말입니다. 마음 한 구석에 찌르르 애처로움이 번지는 겁니다. 사회 초년생이니 얼마나 힘들었을까.

그때 번쩍 어머님 생각이 나더군요. 무언가 벽이 무너지고 지평이 확 트이는 것 같았죠.

우리 어머님 이거였구나. 애처로움. 가진 것이 없을수록 자식의 꽃받침이 되고 싶은 소망은 더 간절하고 뼈아픈 법이지요. 월급쟁이 살림에 두 집 가장 노릇이 얼마나 고달플까. 어머님의 진심을 그제서 알겠더라고요. 무뚝뚝한 성품이라 당신 마음을 표현하기가 서툴러서 속에만 두고 계셨던 거지요. 우리가 이만큼 행복한 것이 부모님 기도 덕분이라고 늘 생각하면서도 어찌 그리 헤아리지 못했을까요. 부모가 돼봐야 부모 마음 안다는 말, 옛말 하나 그른데 없지요.

알고 나니 굴레에서 해방된 것 같았어요. 내 멍에는 편하고 내 짐은 가볍다.(마태11,28-30) 얼마나 감사한지요. 성모님은 늘 제 곁에 계시면서 위로해 주시고 인내할 힘을 주시고 다시 시작할 용기를 주셨습니다. 뿐이겠습니까? 이제와 제가 죽을 때 저를 위하여 빌어주실 것입니다.

ESSAY by Chung Yeon Soon

3

나는 젬병이니까

"찾는 데 젬병이니까. 나는."

그는 자타공인 '찾기' 젬병입니다. 눈이 작은 탓은 아닙니다. 눈앞에 뻔히 두고도 에우푸라시아! 부릅니다. 습관일까요. 급한 성격 탓일까요. 내가 찾을 동안에도 없어? 허! 거 참! 채근하기 일쑤입니다. 이럴 때 빙그레가 묘약입니다. 좀 기다려 봐요. 말이 순하면 그의 급한 성미가 누그러지지요. 오랜 연습으로 체득한 노하우입니다.

사용한 물건을 제 자리에 둔다면 뭔가를 찾아 헤매는 수고를 줄일 수 있지 않을까요? 그는 무엇이든 쓰고는 그 자리에 그냥 둡니다. 정리정돈 역시 젬병이지요. 그래놓고 어디다 뒀더라? 그거 못 봤어? 하는 겁니다. 그럴 때 그는 사막에서 바늘을 찾아야 하는 것 같은 얼굴입니다. 숨이 턱 막힙니다. 정말 짜증이 나서 카인의 못된 대꾸가 떠오르기도 합니다. 내가 그걸 지키는 사람이냐고요.

집안 물건의 현주소를 기억하는 것은 온전히 내 몫입니다. 둘이 사는 데 살림살이가 너무 많다는 생각을 합니다. 가끔 '아나바다' 프리테이블을 1층 출입문 앞에 두고 물건을 내놓습니다. 옷 그릇 전자제품 책 등등 쓸만한 건 깨끗이 손질하고 '세탁했음' '드라이크리닝 완료' 메모를 붙이고요. 그런다고 기억의 과부하가 줄어들진 않더라고요.

그는 방향과 길찾기는 탁월합니다. 지하철역에서 둘이 나란히 걷다가 그가 속도를 줄이는 줄도 모르고 무언가 이상해서 돌아보면 저만치에서 아주 벙글벙글 하는 겁니다. 방향치인 나를 놀려먹는 거지요.

국내외 여행할 때도 그는 방향을 정확하게 잡고 운전을 합니다. 핸드폰도 내비게이션도 없던 시절에 서울 구석구석 의정부까지 봉사를 가야 했는데 주소와 전화 설명만 듣고 시간 맞춰 도착하곤 했지요. 출발할 때 성호를 올리고 그는 핸들을 나는 묵주를 잡고요.

저녁 8시까지 봉사할 장소에 도착해야 하는 날이었습니다. 골목길을 가다가 갸우뚱, 모임시간이 다 됐는데 말이죠. 조금 더 가서 확인해봐야겠다면서 차를 세웠는데 바로 딱 그 집 대문 앞인 거예요. 모임에서 그 이야기를 하고 마침 기도로 성가 34번을 불렀던 기억이 납니다. 주는 나의 길이요 진리요 생명이라 ~.

저도 별 수 없습니다. 지갑이 없어졌습니다. 늘 두는 자리에 둔 것 같은데 말입니다. 남편에게 혹시 못 보았냐고 묻습니다. 뭘 기대하고 묻는 게 아니라 답답한 호흡을 다스리기 위해서입니다. 핸드백이며 포켓을 다 뒤져도 감감. 급해서 신용카드 분실신고부터 하고 시니어카드는 재발급을 받고 신분증은 운전면허증으로 대신하고 있습니다.

지난주에 내 이어폰과 묵주가 안 보이는 겁니다. 집에서 없어졌으니 어디선가 나오겠지 하고 말았죠. 그가 등산을 다녀와서 싱글벙글 배낭에서 그걸 꺼내 주는 거예요.

"이게 여기 있네. 당신 이거 많이 찾았지? 오늘 나 한 건 한 거야."

저도 이 지경입니다. 나이들면서 총기에 안개가 끼는 것은 과학도 뾰족한 수가 없는 모양입니다. 무언가를 찾느라 사부작거리는 날이 많아졌습니다. 내 핸드폰 못 봤어? 신호 좀 보내 봐요. 책을 어디다 뒀더라? 안경 어디 갔지?

부부는 팀이라는 생각을 합니다. 자기의 가장 소중한 것을 포기할 수 있는 사람들이 모여야 훌륭한 팀이 되지요. 평가나 지적이나 가르치려는 생각을 버리면 부정의 에너지를 줄일 수 있는 것 같아요. 그렇게 애를 써야 평화를 누리지요.

한두 가지 젬병 아닌 사람이 있을까요. 노래 춤 요리 그림 운동 등등. 젬병이 망할 놈이긴 해도 죽일 놈은 아니죠. 다 잘하면 필시 사람이 아닐 테니까요. 젬병! 참 인간적인 매력 아닌가요? 간장에 고추냉이를 살짝 풀어서 생선초밥을 찍어먹을 때의 감칠맛 같은 거 말입니다.

젬병은 보통과 겸손에 맥이 닿는 것 같습니다. 세상은 젬병들이 어우렁더우렁 살아가는 만화경이니까요. 그는 나의 나침반이고 나는 그의 스위치입니다. 그러려니 빈 데를 채워주면서 웃슴니다. 빙그레. 그래도 빙그레. 여유와 받아들임 그리고 입술을 다스리는 비결입니다.

08
ESSAY by Chung Yeon Soon
3

나의 애착치마

별 거 아닌데도 버리지 못하고 끼고 있는 물건이 있지요. 옷장을 정리할 때마다 안 입을 줄 알면서도 다시 넣어놓곤 하는 애착 옷 같은 거요. 그런 옷은 묵은 앨범 같아요. 낭만이기도 하고 추억이기도 하지요.

오래전에 뉴질랜드의 테아로아에 갔습니다. 탄산수 온천으로 유명하지요. 구경 삼아 시가지를 걸었습니다. 큰길가에 꽤 고풍스러운 석조건물이 눈길을 끌었습니다. Quilt Museum(퀼트박물관). 부조의 솜씨가 예사롭지 않았습니다. 누군가의 꿈이 이루어진 결과임을 알 수 있었죠. 퀼트 전시회라는 커다란 현수막도 걸려있고요. 퀼트 전시회를 본 적이 없으니 횡재한 느낌이더군요.

전시장은 조용했습니다. 침대커버 이불 베게 쿠션 식탁보 같은 대작이 벽면을 채우고 있었습니다. 부드럽고 온유하고 환한 색감에다 면 소재가 주는 질감이 나를 감싸 안고 볼을 부비는 것 같은 거예요. 기품 있는 편안함이 예술의 향기를 느끼게 하더군요.

사진을 찍으며 둘러보는데 전시장 안쪽 문이 열리면서 은발 귀

부인이 미소를 띠고 나오는 겁니다. 품위 있게 나이든 배우가 아닐까 했어요. 사진은 찍어도 좋은데 인터넷에 올리지는 말아달라고 그녀가 부탁하더군요. 디자인을 도둑 맞았기 때문이라며 살짝 웃어요.

그중 행거에 걸려있는 스커트가 눈에 띄었어요. 전시작품 중 퀼트가 아닌 유일한 것으로 스트라이프 무늬 랩 스커트였어요. 입어 볼 수 있을까 물었죠. 그녀가 나를 살펴보더니 스커트를 들고 그녀가 나왔던 방으로 안내를 하더군요.

고색창연한 작업실이었어요. 칸마다 퀼트 소재가 잘 정돈된 호두나무장이 귀족 가문의 도서관 서가 같았어요. 나무결이 그대로 살아있는 널찍한 테이블에서 넥타이를 갖춘 조끼정장에 앞치마를 두른 노신사가 가위질을 하고 있는 겁니다. 전시 작품의 주인공이었죠. 예술가. 장인. 두 이름을 다 말해주고 만나서 영광이라며 인사를 했어요. 은빛 미소가 피어납디다.

스커트를 입은 저를 이리저리 보더니 아주 잘 어울린다면서 만족한 표정이었어요. 부인의 친구 재혼여행 선물로 만들었는데 친구가 아이슬랜드로 가는 바람에 두고 갔다면서 마음에 들면 가지라는 겁니다. 세상에 단 하나뿐인 스커트라면서요.

"얼마 드리면 좋을까요?"

"으~음 60불만 주시죠."

$60을 주니까 손사래를 치면서 N$60이라는 겁니다. 거의 반값이 되는 거라 놀랐습니다. 장사꾼이면 $60을 챙겼을 테지요.

가끔 그들이 궁금했습니다. 다시 만나면 식사대접을 하고 싶었어요. 5년 후에 다시 찾아갔는데 박물관은 문을 닫았고 부조를 파낸 자리가 흉터 같았어요. 마켓에 들어가서 물었더니 부인이 먼저 돌아가시고 남편은 요양원에 계신다고요. 참 좋은 분, 자선을 많이 베풀었다며 그리워하더군요. 찡! 슬픔이 고였어요.

  그 스커트 내 인생 끝까지 가지고 있을 겁니다. 그들처럼 좋게 기억되는 사람으로 살고 싶어서입니다. 좋은 기억이 많을수록 행복하니까요.

ESSAY by Chung Yeon Soon

3

행운을 선물하는 사람

그를 만나면 행운을 선물 받습니다. 명함 반쪽만한 흰 종이에 곱게 말린 네잎 클로버가 얌전하게 올려져있습니다. 다칠세라 맞춤한 셀로판 봉투에 넣어서 말이죠. 언제 어디서라고 쓴 연필 사인에서 더욱 정성을 느낍니다.

오늘은 현충원에서 여섯 잎 클로버를 찾았다며 싱글벙글입니다. 그가 늘 지니고 다니는 손바닥만 한 얇은 공책 갈피에서 하트들이 순하게 잠이 들었네요. 날개를 활짝 펴고요. 하트는 생명과 사랑의 상징이지요. 그래서일까요. 클로버는 꽃보다 잎의 꽃말이 더 알려져 있지요. 한 잎에서 열 잎까지 꽃말이 다 다르죠. 오늘 그가 찾은 여섯 잎 클로버는 명예랍니다.

개척 희망 첫사랑. 만남 조화 평화. 사랑 희망 행복 신뢰. 행운 명성 건강. 재운 또는 불행. 명예. 무한행복. 가정화목. 신의 행운. 완성.

잎의 말 열 개를 다 쓰고 보니 사람은 욕망 덩어리인 것 같습니다. 어느 것 하나도 놓치고 싶지 않지만 다 이룰 수도 없지요. 그

중에서도 행복과 행운은 기본적이고 본능적인 소망이 아닐까 싶습니다. 삶이란 자신이 추구하는 것을 찾아가는 여정이니까요.

 아! 좋다! 그 순간이 행복이라고 생각합니다. 행복은 스스로 느끼고 누리는 거지만 모르고 지나치면 내 것이 아니지요. 내가 느끼는 모든 긍정적인 느낌의 총합이 행복인 것 같습니다. 그러니 놓친 행복, 숨어있는 행복을 찾아내고 누려야 하지요.

 혈액암으로 병원 무균실에 있던 친구가 잠시 퇴원해서 집에 있을 때였습니다. 아파트 창밖으로 걸어가는 사람들을 보면서 생각한답니다. 걸어 다닐 수 있는 것만으로도 얼마나 큰 행복인지 저들이 알까? 그걸 알면 감사하고 행복할 텐데.

 행운은 운이 좋은 거지요. 행운은 시절이나 사람이나 사물의 인연섭리인 것 같습니다. 그래서 행운은 따라오는 거라고 하는가 봅니다. 행운만 바란다면 행복을 놓치기 십상이지요. 그러나 누군가의 행운을 빌어주는 일은 그 자체로 기도이며 스스로 복을 짓는 일이라고 믿습니다.

 네잎 클로버를 찾는 그의 자세는 겸손하고 단순합니다. 몸을 수그리고 주저앉아서 연약한 풀잎들과 눈을 맞추고 부드럽게 손끝으로 나비지요. 거친 남자 손이지만 손길은 애정이 가득하지요. 만남의 순간을 고대하는 설렘이 그를 즐겁게 하는 것 같습니다. 누군가의 행운을 빌어주는 일은 정성을 바치는 일이라는 걸 알겠습니다. 네잎 클로버를 내 손바닥에 놓아줄 때 그는 천진해 보입니다. 그가 시인이라서 참 좋습니다.

 지난 봄에 그의 어머님께서 돌아가셨습니다. 빈소의 위폐를 보고 어머님 세례명이 아네스라는 걸 알았습니다. 아버님은 요셉이고요. 그는 베드로라는 세례명으로 유아영세를 받았답니다. 부모님께서 말씀을 안 해주셔서 모르고 살았다네요. 주님의 섭리를 믿으며 기도 중에 그를 기억합니다. 그가 주님께로 돌아오리라 믿습니다. 그날이 빨리 왔으면 좋겠습니다.

10

ESSAY by Chung Yeon Soon

3

평화를 빕니다

　미사를 드릴 때마다 교우들과 평화의 인사를 나눕니다. 저희 부부는 오랜 습관으로 손을 맞잡고 눈을 맞춥니다. 아주 짧은 순간이지만 많은 느낌이 오고 갑니다. 남편이 손을 잡으면서 벌써 내 어깨 너머를 볼 때 아쉬움을 느끼고 건성인 것 같아 서운합니다. 진심으로 평화를 빌어주는지 건성 인사치레인지 누구나 알지 않을까요?
　예수님께서 제자들을 파견하실 때 말씀하셨습니다. "집에 들어가면 그 집에 평화를 빈다고 인사하여라. 그 집이 평화를 누리기에 마땅하면 너희의 평화가 그 집에 내리고, 마땅하지 않으면 그 평화가 너희에게 돌아올 것이다."(마태10,12-13) 평화를 누리기에 나는, 우리 집은 마땅할까요?
　갈등에 빠져 숨이 막힐 때가 있습니다. 내 잘못이 없다는 생각에 억울하고 화가 치밀지만 싸우고 싶지는 않고 싸울 재주도 없습니다. 신자니까 참아야지. 마음도 몸도 천근만근 딱히 아픈 데는 없는데 나를 추스르기 어렵습니다. 생각이 빗나갑니다. 이러고도 미사를 가야하나. 주님께 면목이 없잖아.

 빗나가는 생각을 붙들어옵니다. 그러니까 더 가야지. 그렇다고 미사를 빠지면 갈등을 내 힘으로만 해결하려고 하는 거야. 그건 교만이야. 나에게는 주님이 계시잖아. 가서 성체를 모시자. 주님께서 다 아시니까 말씀해 주실 거야. 가자. 그리고 무거운 발걸음으로 성당을 향하여 걷습니다. 손안의 묵주가 길잡이입니다. 그래서 외롭지 않습니다.

 이런 갈등을 종종 경험하게 하는 사람이 배우자입니다. 별거 아닌 일도 부정적인 리엑션에 화가 납니다. 그러면 안 돼? 당신은 늘 그래. 그러니까 그렇지. 내가 뭘? 어깃장이거나 습관이거나 편견이거나 아집입니다. 무엇이건 간에 공격과 비난을 장착한 예리한 가시입니다. 성당으로 가면서도 머릿속은 그 생각이 돌고 돕니다. 그와 나란히 걸으면서도 마음은 정오에서 자정만큼이나 멀리 떨어져 있습니다. 미사 가는 길은 몸이 반응합니다. 걸음은 완전 자동입니다.

 성전에 들어서면 십자가에 달리신 예수님이 보입니다. 울컥. 둘이 나란히 미사를 드립니다. 성가를 부르는 목소리가 무겁습니다. 통회의 기도가 찜찜합니다. 아무래도 그의 큰 탓인 것 같습니다. 마음이 모아지지 않습니다. 사제의 기도문을 가슴으로 따라 하면서 분심이 들어올 틈을 막습니다.

 평화를 빌어줄 시간이 다가옵니다. 내 탓을 찾아야 합니다. 참 별일 아닌 걸로 속을 끓이는 내가 보입니다. 내 기준에 맞지 않는다고 받아들이지 않는, 밴댕이 속 같은 내가 보입니다. 문득 이런 과정이 평화를 지향하는 실습이라는 생각이 듭니다. 평화는 체득되어야 하는 거니까요. 갈등을 거치지 않은 평화가 있을까요. 내가 내뿜는 서슬을 견디고 있는 그에게 미안합니다.

  평화를 빕니다. 맞잡은 손위에 다른 손을 덮고 눈을 맞춥니다. 찰나지만 주고받는 눈빛에서 사랑을 봅니다. 순간 제 안에 평화가 피어납니다. 교우들에게 허리를 굽혀 평화를 빌어 줍니다. 저에게서 환한 기운이 번져가는 것을 느낍니다. 평화는 분명 영혼의 힘입니다. 내가 평화라야 평화를 빌어줄 수 있을 것 같습니다.

  평화를 빕니다. 그것은 덥석 안겨주는 선물이 아니라 스스로 평화가 되라는 격려가 아닐까 생각합니다. 평화가 깃들인 가슴에 주님이 계신다고 믿습니다.

ESSAY by Chung Yeon Soon

3

신호 읽기

뉴질랜드에 머물 때였습니다. 12월 달빛이 푸른 홑이불처럼 침대를 덮었습니다. 일어나보니 보름달이 휘영청 정원의 나무와 꽃들이 온통 월광욕에 빠져 가벼이 춤을 추는 것 같았어요. 정원으로 나가 맨발로 잔디밭을 자근자근 걸었습니다. 이슬에 젖은 발이 투명하게 변하는 것 같았습니다.

귀뚜라미들이 달 지는 줄도 모르고 목청을 돋우는 바람에 밤내내 뜬 눈이었습니다. 귀뚜라미들은 지치는 기색이 없더라고요. 자음과 모음을 아무리 꿰맞추어도 그 가을소리를 적을 수 없어 답답했습니다. 그러다 시를 썼습니다. 타향 귀뚜라미. 이민생활의 애환을 가을 풀벌레의 노랫말인양 썼지요.

그리고 몇 년이 흘렀습니다. 가끔 잠을 청할 때 찌이찌이 그날 그 소리가 들렸습니다. 그날의 감흥이 어지간히 깊이 새겨졌나보다 그리 생각하였죠. 반가워서 시간을 거꾸로 돌리다가 시를 되뇌다가 잠이 들곤 했습니다. 또 얼마 동안이나 잊고 지냈는지 아리송합니다.

올봄 목감기로 이비인후과에 갔습니다. 급성 중이염. 청력에 이상이 없다니 다행이긴 한데 귀뚜라미들이 삼복 매미처럼 극성을 피우는 겁니다. 음색도 리듬도 볼륨도 그대로 입니다. 매번 녹음을 다시 듣는 것 같았어요. 자다 일어나 화장실에 갔다가 누우면 얘네들이 떼창을 하는 겁니다.

이명인가? 비로소 의아했습니다. 검색창에 수많은 정보가 떴습니다. 내 증상이 딱 이명증이더라고요. 원인 불명의 오작동. 치료방법 없음. 잊고 사는 게 상책. 이런 맹랑한 경우를 봤나요. 과학이 불청객을 내보낼 재간이 없다지 않습니까? 어이없지만 기왕 오신 손님이니 동거할 밖에요. 이렇게 했더니 지긋지긋한 이명 싹 없어졌어요. 그 따위 광고는 보지 않습니다.

이명인 줄도 모르고 가을소리로 알아듣고 시를 쓰다니요. 그러니까 나의 타향 귀뚜라미는 착각이었던 겁니다. 12월이면 남반구인 뉴질랜드는 봄인데 귀뚜라미라니요. 이 무슨 낭만에 초치는 소린가요. 이런 둔치가 어디 또 있을까 싶습니다.

최근 이명이 심합니다. 무엇엔가 집중할 때는 조용하다가 어느 순간 까꿍! 나 여기! 하는 것입니다. 노화와 무관하지 않을 터이니 짜증내지 않으려고 애를 씁니다. 낮에 들리면 다른 데로 관심을 돌리고 잠을 청할 때는 자연의 음악이려니 느긋하게 감상을 하기도 합니다. 둔치라서 할 수 있는 일이지요. 귓속은 언제나 풀벌레 우는 가을 풀숲입니다.

무한반복이지만 상상도 나쁘지 않습니다. 상상에 따라 별이 반짝이거나 은하수에 몽자갈이 굴러가거나 자장암 풍경소리로 들리기도 하니까요. 이명을 소리로 읽거나 말씀으로 듣기도 합니다. 그러다보면 언제 잠이 들었는지 눈뜨면 아침입니다. 아직은 잘 사귀는 중입니다. 처음 그 보름날로부터 셈 치면 족히 20여 년 묵은 친구입니다.

　오래전 일입니다. 운동을 하는데 왼 무릎이 찰흙반죽을 붙인 것처럼 무겁고 뻣뻣했습니다. 왼 무릎이 공처럼 부어있더라고요. 병원으로 직행. 급성 관절염. 주사기로 물을 빼고 쉬는 게 상책이라는 처방에 한 달 치 약을 받았습니다. 무릎 신통찮은 지인들은 그게 다 소염진통제라며 부작용도 만만찮다고 입을 모으더군요. 두툼한 약봉투가 독약처럼 무서웠습니다. 약을 봉투째 쓰레기통에 던져버리고 어떻게든 약을 먹지 않고 나아보리라 작심했어요.

　예약되어있는 다음 주 태국 골프여행을 어떻게 할 것인가. 안 되면 쉬다오지. 골프클럽과 노트북 그리고 최명희의 『혼불』 10권을 챙겼습니다. 도착 다음날부터 첫 팀으로 라운딩. 카트를 타지 않고 걸어서 새벽안개 속으로 나섰죠. 반바지 아래 드러난 왼 무릎이 부어있는데도 뻗정다리를 끌면서 걷고 치고를 반복했습니다. 연일 36℃를 훌쩍 넘는 불볕이 계속되었어요. 석쇠를 뒤집어가며 다리를 고루 굽는 것 같았어요.

　클럽하우스에서 점심 먹고 숙소로 돌아와 샤워하고 다리를 벽에 올리고 『혼불』에 몰입했습니다. 오후 3시쯤 역시 걸어서 라운딩을 하고 저녁 먹고 샤워하고 8시면 다시 『혼불』에 빠져들었죠. 판박이 반복이었어요. 무릎이 점점 가볍고 유연해졌습니다.

　꼬박 20일, 단 한 번도 카트를 타지 않고 40라운딩을 했습니다. 날마다 20여 km 이상 햇볕 속을 걸은 셈입니다. 골프장 관계자는 자기네 골프장의 자랑이고 전무한 일이라며 기념비 운운했지만 손사래를 치며 웃고 말았습니다.

우리 둘 다『혼불』을 완독하고 돌아왔어요. 검게 그을린 다리의 피부가 허물을 벗더군요. 어릴 적에 해수욕하고 나면 잔등에서 벗겨지던 얇은 습자지 같은 그것처럼요. 이후 수십 년 아직 무릎은 쓸만해서 매일 1만보 걷기는 거뜬합니다. 의사는 나아서 다행이지 큰일 날 뻔 했다며 드문 경우라고 정색을 하더군요. 무지에 의한 만용일 수도 있지만 나는 순전히 햇볕 덕분이라고 믿고 있습니다.

국민건강보험공단에서 매년 공모하는 검진수기 원고 심사위원장을 맡은 지 십수 년째입니다. 다양한 사례를 통하여 사람들은 투병하면서 삶의 교훈을 얻는다는 공통점을 발견하였습니다. 가치관이 바뀌고 생활습관을 개선하는 것은 물론 신앙을 찾는 경우도 드물지 않았죠.

나이 들수록 몸에 대하여 외경심이 생깁니다. 그 오묘함에 탄복하기 때문이지요. 과학이 밝혀낸 질병은 구체적이고 현실적이지만 몸은 신의 영역이라는 말에 완전 동의합니다. 살아 온 경험이 그렇다고 대답하는 겁니다.

신의 영역에 기대어 살아가는 현재의 시간이 한없이 감사합니다. 질병은 삶의 일부여서 몸을 이해하고 간수하는 것은 자신에 대한 의무 아닐까요. 몸도 소통의 대상이라는 생각을 합니다. 친절한 마음으로 신호를 알아들으려고 합니다. 그러다보면 투정도

신음도 비명도 알아듣지 싶네요. 호미로 막을 건 호미로 막는 게 상책일 터이니까요.

ESSAY by Chung Yeon Soon

아리랑

   산티아고 순례 17일째 프로미스타(Fromista)마을. 산타 마리아 알베르게는 로비에서 수녀님들이 맞이하고 안내해주었습니다. 수도복과 수녀님 얼굴이 한 가지로 목련빛이더군요. 온유와 친절이 나에게 스며드는 것 같았어요. 계단을 올라 2층 침실로 기어이 배낭을 올려다 주셨습니다.

   6시 30분. 로비에서 음악회가 열렸습니다. 네 분 수녀님이 기타를 들고 자리했습니다. 사람이 저토록 눈부시게 아름답다니요. 소파와 바닥과 계단까지 순례자들이 빼곡했습니다. 돌아가면서 자기소개를 하고 수녀님의 기타반주에 맞춰 다 같이 노래를 부릅니다. '주를 찬미하여라.' '케세라세라.' 성가든 팝송이든 신바람이 나더군요.

   독일 남자가 하모니카를 불고 가수지망생 미국 대학생은 기타를 치면서 자작곡으로 흥을 돋우고요. 난데없이 수녀님이 우리 부부더러 앞으로 나와서 노래를 부르라고 하시는 겁니다. 얼결에 환호와 박수를 받으며 앞으로 나갔죠. 남편이 말했어요. 준비라도 한 것처럼 술술.

"아리랑을 부르겠습니다. 아리랑은 한국의 대표적인 서정민요이고 세계에서 가장 아름다운 노래 1위로 선정된 노래입니다."

나하고는 눈 한 번 찡긋 맞추고 바로 아리랑 아리랑 아라리요 아리랑 고개로 넘어간다~. 한국 젊은이가 목소리를 보태고 다들 우리를 따라 두 팔을 위로 들어 너울거리는 겁니다. 나는 거기다 가볍게 우리 춤사위를 보탰지요. 순전히 흥이지요. 율동이며 노래가 기가 막히게 자연스러웠습니다. 자다 깨어도 그리 할 것처럼 몸에 밴 솜씨였어요. 아리랑은 한국 사람에게 DNA로 체화되어 있음이 분명한 것 같았습니다.

흥겨움에 노독이 풀립니다. 그런데 어제 잠시 나란히 걸었던 로마 부부가 눈물이 글썽한 겁니다. 팔을 들고 양손 엄지를 세워 브라보! 앙코르! 난리 났네요. 연거푸 아리랑 아리랑 부르다가 미사시간에 맞춰 '어메이징 그레이스' 합창으로 음악회는 끝이 났습니다.

눈물! 로마 부부에게 아리랑 아는 노래냐고 물어보았습니다.

"아니, 오늘 처음 들었어."

"그런데 울었어?"

"나도 몰라. 눈물이 났어. 그냥."

처음 듣고 눈물을 흘리다니요! 더군다나 외국인이. 아리랑의 신비한 힘을 내 눈으로 보니 감개무량하면서도 왠지 부끄러웠습니다. 나는 아리랑을 얼마나 알고 있을까요?

다음날 그 부부와 저녁을 먹었습니다. 락클라이밍과 스키를 즐기는 스포츠인 이랍니다. 음악을 좋아하지만 한국민요는 처음이라면서 보란 듯 아리랑 아리랑 흥얼거립니다. 쉽다면서요. 아리랑을 제대로 알려주고 싶지만 기껏 아리랑의 영어표기를 가르쳐 주고 검색을 권했을 뿐입니다.

우리 고유문화에 대한 무지는 자기 정체성에 대한 무관심이 아닐까요. 그 부끄러움을 계기로 아리랑에 관한 자료들을 살펴보았습니다.

아리랑은 작가 미상의 서정민요다. 우리에게 익숙하고 가장 널리 알려진 아리랑은 1926년에 나온 나운규의 영화『아리랑』의 주제가 아리랑이다. 이를 다른 아리랑과 구분하기 위해 본조 아리랑이라고 하는데 본조는 서울 본바닥이라는 의미다.

아리랑의 어원에 대해서는 여러 설이 있다. 흥선 대원군이 경복궁을 중수할 때 부역에 시달리는 백성들이 부른 노동요라는 것이다. '나는 귀가 들리지 않고 말도 못한다' 즉 '귀머거리'라고 한 데서 아이롱(我耳聾) 설. 사랑하는 사람과 떨어져 지내는 외로움을 한탄하며 '나는 임과 이별하네'라는 아이랑(我離娘) 설이다.

가사 자체는 알이랑 즉 알과 함께 라는 뜻이라고 한다. 처녀총각을 알이나 구슬이라고 하면 알이 알이랑은 아리 아리랑으로, 구슬이 구슬이랑은 쓰리 쓰리랑으로 변형되지 않았을까. 노랫말과 후렴에서 남녀의 애틋한 사랑과 이별 그리움의 정한이 물씬 풍긴다.

아리랑의 아(我)는 참된 나, 진아(眞我). 리(理)는 알다, 다스리다, 통한다는 의미이며 랑(朗)은 즐겁다, 는 뜻. 이 경우 참된 나를 찾는 즐거움 즉 나를 깨달아 인간 완성에 이르는 기쁨을 노래한 깨달음의 노래다. 고개를 넘어간다는 것은 나를 찾기 위해 깨달음의 언덕, 그 고난을 넘어야 피안으로 간다는 말이겠다. 그러니 진리를 외면하는 자 고통을 받으리라는 인생 주의보 아닌가.

유네스코는 2021년 아리랑을 인류무형문화유산으로 지정하였다. 유네스코에 의하면 정선, 진도, 밀양, 해주 등 지역마다 무수한 버전으로 60여종 3,600여 곡에 이르는 것으로 추정하고 있다. 홀로아리랑이나 아리랑 목동 같은 가요나 판소리 그리고 클래식 음악의 연주와 공연도 끊이지 않는다. 주제와 시대에 따라 무한 변주되고 있다. 남북 단일팀이 스포츠 경기에서 두 나라의 국가를 부를 수 없어 아리랑을 부르기도 했으니 아리랑은 제2의 국가 같은 위상이다.

2021년 미국 영국 이탈리아 등 5개국 작곡가들로 구성된 세계 최우수곡 선정위원회에서는 아리랑을 1위에 선정하였다. 세계가 인정하는 뛰어난 작품임을 확인한 것이다. 미국과 캐나다에서는 아리랑곡조를 찬송가에 공식 채택하여 부르고 있다고도 한다.

문화는 생명체라고 생각합니다. 특히 전통문화는 그 지역의 자연환경에 잇대어 의식주를 해결하는 특별한 모습을 담아내지요. 문화의 다양성이 거기에서 비롯되는 것이지요. 한류는 세계의 이목과 각광을 받으면서 K-컬처(Culture)라는 신조어로 널리 쓰이고 있습니다. 그것은 아리랑을 비롯한 우리 고유의 문화가 서로

작용하면서 오랜 세월 성장 발전한 결과지요.
  문화가 생판 다른들 사랑과 이별과 그리움은 인간 본능의 정서가 아닐까요. 이국인의 심금을 울려 눈물이 된 아리랑.

  가장 한국적인 것이 가장 세계적인 것이다.

  그것은 한국인을 한국인답게 하는 최고의 자긍심이라고 생각합니다.

ESSAY by Chung Yeon Soon 3

좌부랑개

 그 마을을 보여주겠다고 그녀가 말했을 때 '자부랑께'로 알아들었습니다. 잠이 쏟아지는 곳이라는 뜻인지 거기 어디쯤 앉아서 졸고 있다는 건지 아리송했습니다. 통영 앞바다 욕지도는 개도 지폐를 물고 다닌다고 할 정도로 어업이 번성했던 섬이었다지요. 그 이야기에 잇대어 만선으로 귀항하는 지아비를 기다리다 지쳐 꾸벅꾸벅 조는 아낙들의 모습을 상상했던 것입니다.

 '자부럽다'는 '졸리다'의 경상도 말이기도 합니다. '께'의 사전적 의미는 '그때 또는 장소에서 가까운 범위'의 뜻을 더하는 접미사입니다. 그러니 자부랑께는 조는 자리 혹은 졸리는 곳이 아닐까, 필시 무슨 내력이 있을 것만 같았습니다. 지명은 자연과 문화와 역사를 아우르고 이야기를 담아 회자되면서 자연스럽게 만들어지는 것이니까요.

 마을 안으로 들어서자 마침 골목에서 쪽문을 나서는 아주머니를 만났습니다. 아주머니 대답인즉슨

 "옛날에는 술집도 많고 여자 집도 죽 있는 홍등가였다 카데요.

남자가 지나가면 무조건 잡으라꼬, 그래서 자부랑께라 칸데요."

 선착장에서 마을로 가는 길목이라 작정하고 에움길로 피해가지 않으면 유혹에 걸려들기 십상이겠다 싶긴 합니다. 아낙들이 지아비를 기다려 옴짝 없이 집으로 데려가려면 까짓 졸음이 문제일까요. 만선의 남정네들은 얼마나 의기양양했을 것입니까. 그런 지아비를 집으로 직행시키는 일은 고래를 잡는 만큼이나 힘들었겠지요. 상상이 발걸음을 가볍게 했습니다.

 홍등가를 본 적이 있습니다. 핸드폰도 내비게이션도 없던 시절 봄날이었습니다. 봉사활동을 마치고 자정 무렵 춘천에서 서울로 돌아가는 참에 길을 잘못 들었습니다. 지독한 안개 탓이었습니다. 빨간 전등 불빛이 안개 속살에 발그레 피어나고 있었습니다. 마른 침이 꿀꺽, 정신 차리자고 눈을 부릅떴습니다.

 반라에 빨간 입술로 담배 연기를 피워 올리고 있는 여인들이 통유리 가게 안에 전시되고 있었습니다. 몸을 팝니다! 세상 속 딴 세상, 나는 그 괄호 안으로 들어간 이방인이었습니다. 슬픔 고통 나락 운명 희망 같은 말들이 뒤섞였습니다. 순간에 어딘가로 끌려들어가서 폭행을 당할 것 같은 공포 속에 운전을 어떻게 했는지 정신없이 앞만 보고 그 곳을 빠져나왔습니다.

 좌부랑개 좁은 골목을 샅샅이 누비고 다닙니다. 일본식 집 외벽에 「그 시절에는」이라는 제목 아래 사진 몇 점이 전시되어있습니다. 1910년 사진은 바로 이 자리 홍등가 현장이라고 알려 줍니다. 지금도 일본에서 흔히 볼 수 있는 2층 목조건물 점포 안에서 여인들이 밖을 내다봅니다. 파마머리에 화려한 핀, 짙은 화장에 공을 들였네요. 진한 분 냄새가 나는 것만 같습니다.

　기모노도 치마저고리도 보입니다. 담배를 물고 있는 투피스 여인은 가냘픈 몸매네요. 검지와 중지 사이에 담배를 끼고 있는 여인은 가슴이 깊게 파이고 무릎을 살짝 덮은 검정 민소매 원피스에 버선을 신었고요. 양복쟁이 남정네는 밖에서 안을 들여다보고 무어라 지껄이는지 등짝에 희롱이 묻어나네요. 검정고무신 아주머니가 냄비를 들고 옵니다. 잰 걸음에 웃는 낯이예요. 냄비에 방금 만든 음식이 든 모양입니다. 꽤 성업 중인 분위기입니다. 밤마다 홍등에 쾌락을 내걸었을 테지요.

　사진 한쪽 구석에 어린아이가 오도카니 쪼그리고 앉아있네요. 얼핏 보면 길바닥의 돌멩이 같아요. 아이는 활기 찬 어른들과는 딴판입니다. 빈손을 마주 잡고 다소 망연한 눈빛으로 카메라를 봅니다. 두세 살 상고머리 남자아이 혼자서요. 보이지 않는 벽 속의 아이에게 친구가 있을 리 없지요. 사진 속에 엄마가 있을까요? 아버지는요? 버겁고 잔인한 숙명을 살아내야 할 한 인생의 시작이 거기 보입니다. 측은해서 그 아이를 한동안 바라보았습니다.

　불쑥 인도영화 『강구바이 카티아와디』가 생각납니다. 남자친구의 꾐에 빠져 뭄바이 윤락가에 팔린 주인공 '강구바이'의 일대기입니다. 저명한 변호사의 딸이었던 그녀가 지하세계의 인맥을 이용하여 윤락녀들을 일깨우고 정계로 진출하여 그들의 삶을 향상시켜가는 줄거리입니다. 그 거리 아이들 모두의 엄마를 자처하며 당당히 아이들을 일반학교에 입학시키고 동등한 교육을 받게 합니다. 혁명만큼이나 어려운 일을 열정과 사랑과 헌신으로 해내는 겁니다.

골목을 걷다보니 고등어를 염장하던 수조와 옛 우편국 목욕탕 당구장 등을 지나갑니다. 염장한 고등어는 마산항으로 실려가서 전국으로 팔려나갔다고 하네요. 일제가 식민지 침략의 어업 이민지 중의 하나로 꼽았으니 어획량이 어지간했나봅니다. 술집 식당 여관이 줄지어 들어서고 밤마다 술꾼들 노랫소리가 넘쳐났다고 하지요. 이 골목이 부부싸움이나 가정파탄의 원인이었을 것입니다. 노동과 착취와 일탈과 타락이 엉긴 질곡의 현장입니다.

부두 근처 '할매 바리스타' 찻집에 들어갔습니다. 몇 안 되는 테이블마다 손님들이 거의 이마를 맞대고 소곤거립니다. 즐거움이 좁은 공간을 채우고 있네요. 다녀간 흔적들을 글씨로 빼곡 채운 벽면이 이 카페의 유명세를 말해주네요.

할매 바리스타에게 여쭈어 보았습니다.

"욕지도 선착장 왼쪽 마을이라서 그렇게 부른다 하기도 하고, 여기를 꽉 잡고 있던 일본 사람 이름이 '좌부랑'이라서 그리 되었다 하기도 합디다. '개'는 갯가라는 말이거든. 원래는 자부마을이라요. 어느 것이 맞는지 모르지요."

바닷물이 드나드는 곳이니 그도 그럴 듯합니다.

그렇게 마을을 둘러보고 마지막에서야 「우리나라 근대 어촌의 발상지 좌부랑개」 「마을의 형성」 두 안내판을 만났습니다. 둘 다 우리나라 최초로 근대화된 마을임을 강조하고 있네요. 근대화의 그늘에 홍등가가 번창했으니 세상사는 명암이 있기 마련인가 봅니다. 쓸쓸합니다. 돈이 불행을 만든다는 말이 있지요. 불행이 똬리를 틀었던 현장이지만 근대역사문화거리라는 사실은 분명합니다. 보존되어야 마땅하지요.

통영 삼덕항에서 한 시간. 페리는 시간마다 자동차와 사람을 실어 나릅니다. 코로나 때문에 3년여 여행객 발길이 뚝 끊어졌다가 마스크 규제가 풀린 덕분에 선착장은 활기가 넘칩니다.

섬을 떠나는 배가 출항합니다. 멀어지는 욕지도 풍경 속으로 사진 속 그 아이가 선연하네요. 내 안에서 자라지 않을 아이지요. 그 아이 지금은 저승이겠지요. 홍등가 그 골목이 고향이라 말할 수 있었을는지요. 개똥밭에 굴러도 이승이 낫다는 말, 그 아이도 끄덕였을까요.

ESSAY by Chung Yeon Soon

마무리 3종 세트

88올림픽이 열리던 해에 고 김수환 추기경님께서 한마음한몸운동본부를 설립하시고 헌혈과 헌안을 약속하셨습니다. 이듬해 우리나라에서 열린 제44차 세계성체대회의 정신은 생명존중과 나눔 실천의 실현이었습니다.

내 장기나 눈을 다른 사람에게 나누어 준다? 생각도 상상도 해본 적이 없는 일이었습니다. 과연 그것이 가능한 일인지도 미심쩍었고요. 교회는 다양한 방법을 다 동원하여 홍보했습니다. 자동차에도 한마음한몸운동 스티커를 붙이고 주보와 교회의 모든 간행물에도 로고를 표시했죠. 기념성물과 배지며 다양한 기념품도 제작되었습니다.

관심을 갖기 시작했지만 선뜻 내키진 않더군요. 장기기증신청서 용지를 받고 남편도 나도 읽고 또 읽어보아도 의료적 상황이 정리되지 않았고 두렵고 무서웠습니다. 본당 신부님도 다르지 않았습니다. 교우들 중에는 절대 하면 안 된다고 무턱대고 말리는 분도 계셨으니까요.

주님께 여쭈어보았지만 여전히 빙그레 하고 계시고요. 그러던 어느 날 매일미사의 복음(마태오10,30-31)이 닿았습니다.

'그분께서는 너희의 머리카락까지 다 세어두셨다. 그러니 두려워하지 마라. 너희는 수많은 참새보다 더 귀하다.'

내 머리카락까지 다 세어 두셨다지. 두려워하지 말래잖아. 내가 참새보다 더 귀하다고. 맞아. 맞아. 설마 잘못되기야 하겠어. 추기경님이 솔선하셨잖아. 그렇게 둘이 주고받고 하면서 신청서를 써서 본당 사무실에 냈습니다. 큰일을 한 것 같아 기념으로 자장면을 먹었던 기억이 있습니다.

아마 20년이 더 지났을 겁니다. 서울성모병원에서 우연히 한마음한몸운동 사무실을 보고 혹시나 해서 물어보았습니다. 글쎄 우리 둘 다 기록이 없어요. 1990년이면 수기로 기록했을 터이니 컴퓨터 입력할 때 누락된 것 같다는 겁니다. 다시 신청하고 카드를 발급 받았습니다. 어쩔 뻔 했나 싶었어요.

나이가 들면 죽음을 가까이 느끼기 마련이지요. 사후 주검을 어떻게 할지는 남편과 사뭇 뜻이 달랐습니다. 그는 부모님 곁에 묻히기를, 나는 시신기증을 원했으니까요. 사람이 마지막으로 할 수 있는 이웃사랑과 하느님사랑의 실천이라고 믿었거든요. 중요하고 예민한 문제라 이야기를 꺼내기가 조심스러워 그런 채로 10여 년이 흘렀어요.

지난해 부모님 묘소를 파묘하여 봉안당으로 모셨습니다. 그 과정에서 남편의 생각이 달라진 것 같았어요. 한마음한몸운동본부에 가서 자세한 설명을 듣고 두 아들의 동의서를 첨부하여 시신

기증 신청서를 냈습니다. 내친 김에 연명의료거부의향서도 작성했고요. 인생 마무리 3종 세트를 마련한 것 같습니다. 꼽아보니 34년이 걸렸습니다.

  그런데 내 눈이나 장기 중 어느 것이 쓸만할지 어떻게 알겠습니까? 눈은 벌써 백내장인걸요. 건강한 장기가 많으면 그만큼 여러 이웃에게 선물이 되겠지요. 건강관리를 잘 해야 하는 이유가 하나 더 생겼습니다.

그리고 남겨진 것들

　모르는 사람에게서 전화가 왔습니다. 이웃 원룸에 사시던 노인의 아들이라고 자신을 소개하면서 아버지가 돌아가셨답니다. 부고 보낼 사이는 아니지만 고인이 연락하기를 원하는 인연이 우리 내외뿐이라 하시더래요. 혼자 문상을 다녀온 남편은 '쓸쓸하더라. 마음속으로 연도만 바치고 왔어.' 그뿐 별 말이 없었습니다.

　고인은 84세. 어쩌다 길에서 만나면 건강하시라 덕담을 건네고 시장 본 것을 들어드리거나 텃밭에 기른 쌈채를 메모와 함께 문고리에 걸어 두곤 했었지요. 급할 때 전화하시라고 번호를 드렸지만 4년여 동안 통화도 없었어요.

　삼우제 날 상주에게서 노인의 원룸에 잠시 와주십사 간곡한 전화가 왔습니다. 시골서 올라와 장례를 치렀는데 낯선 곳이라 방을 비워주는 일이 엄두가 나지 않는다며 통사정을 하는 바람에 청소도우미에게 연락해주겠노라 했습니다. 싹 다 버리면 된다는 아들의 말이 유품에 쓰레기 스티커를 붙이는 것 같았어요. 비용으로 30만원을 놓고 돌아갔습니다.

청소도우미는 죽은 사람 물건에 손대기 싫다 하고 두어 군데 전화를 해도 바쁘다고 하는 겁니다. 전화 한 통이면 될 줄 알았던 일이 뜻밖에 옴팡 덤터기를 쓴 기분이었습니다. 무슨 수가 없을까. 골똘한 머릿속에 '아나바다 운동'과 '녹색순교'가 떠올랐습니다. 이참에 녹색순교 제대로 할 수 밖에요. 억지로 용기를 냈습니다.

일거리를 보니 엄두가 나지 않았습니다. 갑자기 구급차로 병원에 가서서 돌아오지 못하셨으니 그야말로 삶의 현장 그대로지요. 자존심과 명예는 지켜드려야 할 것 같았습니다. 기증품으로 보낼 것은 보내고 집 앞에 프리테이블을 놓고 쓸만한 물건은 죄 내다놓았습니다. 내놓는 족족 없어졌습니다. 살림살이가 얼마나 많은지 열댓 번을 들어내도 끝이 안나더군요.

대형 냉장고 세 대는 마켓의 진열장 같았습니다. 통 병 봉지들이 이름표를 달고 줄 맞춰서 빼곡해요. 21썰은김치, 19묵은지. 날콩가루, 표고불림, 취, 머위. 과일 칸에도 키위랑 레몬까지 잔뜩. 냉동실에도 사골곰 돼지뼈곰 양지갈음 조기소금침 무시래기 힘줄 빼고, 등등. 다듬고 싸고 묶고 메모 붙여서 가지런히 쟁여놓은 식재료들을 버리자니 죄를 짓는 것 같았습니다. 병원에 한 달을 계셨다니 너무 오래된 것들이라 달리 방법이 없었습니다.

서랍장에도 동내의상하 춘추내의상하 등 이름표를 단 비닐봉지들이 가지런했습니다. 새것처럼 희고 단정했습니다. 탁자 서랍에 반지와 염주가 들어있었습니다. 다이아몬드 큰 알을 자잘한 여러 알이 감싼 남자 것이었습니다. 사진을 찍어 상주에게 보냈더니 염주는 버리라며 반지는 가지러 오겠다고 했습니다. 슬픔이 전혀 묻지 않은 상주의 기색이 못마땅하고 서운했습니다. 그럴수록 내가 고인에게 무례를 범할까 조심스러웠습니다.

  한 인간의 성향과 생각, 관심사와 식생활 등 모든 것이 남겨진 것들에서 드러났습니다. 유품은 주인의 영원한 부재로 의미를 잃었고 삶과 죽음의 간극이 거기 있었습니다. 버리면 그만이라는 단순하고 가벼운 생각은 산 자들의 오만이거나 책임과 기억에서 벗어나고 싶은 이기심이 아닐는지요. 그런 자식이어서 낯선 도시에서 혼자 여생을 사셨는지 모르겠습니다. 그래서 단 한 장의 사진도 없었을까요? 자기 앞의 생을 단호하고 떳떳하게 책임지려고 노력하신 것은 분명해 보였습니다.

  가구는 스티커를 붙여 내놓고 양문형 냉장고는 사다리차를 불러 내보냈습니다. 아들이 다이아반지를 가지러 왔습니다. 현관에 선 채로 받아갔습니다. 부족한 경비를 말하고 싶지 않았습니다. 마지막으로 고인이 실에 꿰어 주렴처럼 창문에 걸어둔 표고버섯을 걷어서 들고 나왔습니다. 꼬박 닷새가 걸렸습니다. 우리 내외는 녹초가 되었고요.

  노인에게 하느님을 말씀드리지 못했습니다. 그 분 손목의 염주 때문이라면 변명이지요. 저희가 성당 다니는 걸 알고 계셨으니 기다리셨을지도 모릅니다. 기회를 만들지 않은 것이 이토록 후회스럽습니다.

  얼마나 더 사실 걸로 셈하셨을까요? 삶의 애착은 결국 허무로 증발하는 것일까요? 인생이 속절없음으로 다가왔습니다. 허무로다, 허무! 코헬렛의 말이 크게 울렸습니다.

# 포니2로부터

 타던 차를 팔았습니다. 나이가 무거워질수록 불안감도 위험도도 높아졌지만 결심은 쉽지 않았어요. 운전을 즐기고 여행을 좋아하는 그에게 말할 기회를 찾느라 차일피일. 포기하고 감수해야 할 것들을 대체할 방법을 아이들에게 의논했습니다. 대답은 명쾌했습니다. 필요할 때 전화만 주시면 기사 딸려서 차를 집 앞에 대기시키겠지만 요즘은 택시도 아주 편하게 이용할 수 있으니 걱정 마시라 하더군요.
 내가 운을 떼자 그는 약간 서글퍼하는 기색이었습니다. 그러더니 다음날 아침 아들에게 전화를 하는 겁니다.
 "운전 그만 할란다. 차 처리 좀 부탁해."
 "어려운 결심하셨어요. 아버지, 최대한 불편 없이 해드릴게요"
 주행부적합의 이유들을 스스로 찾아 인정하고 욕망을 잘라내는 결단이 그리 쉬운 일은 아니지요. 간밤에 그는 뜬눈이었지 싶었습니다.
 호랑이 담배 먹던 시절. 1979년 남편이 1종 보통 운전면허를 받았습니다. 직장에서 간부 직원에게 학원비와 문제집을 제공하는 바람에 솔선수범한 것이었죠. 자가용은 지금의 우주여행에 버금하는 꿈이었으므로 저걸 언제 써먹나 했어요.

순전히 새 문제집이 아까워서 나도 도전을 했습니다. 울산의 필기시험장에 여자라고는 나 하나뿐. 시험시간이 되자 아가씨는 공부를 많이 했을 거라며 남정네들이 나를 빙 둘러섰습니다. 시험관은 창밖만 보면서 커닝 묵인. 두 시간 뒤에 성적순위표가 나 붙었습니다. 1등 정연순 96점. 60점 아래는 붉은 줄이 쫙.

실기시험은 경상남도에 딱 한 군데 마산에 가야했습니다. 아주 넓은 제재소 마당에 코너마다 돌을 놓고 횟가루로 선을 그어 놓았더군요. 원목더미에 앉아서 차례를 기다리는데 소나기가 쏟아졌습니다. 횟가루 선이 지워지는 바람에 무기한 연기. 울산에서 마산행이 그리 쉽지 않은데 말입니다. 더군다나 아이들을 부산 언니에게 맡기고 가야했으니까요.

2주 후에 다시 가서 운전석에 앉고 보니 울산 학원에서 연습한 자동기어 포니가 아니고 수동기어 브리사였습니다. 일찌감치 챙겨 먹은 우황청심환은 어디로 가고 달달달. 동승한 경찰관 왈 '아가씨, 내가 어데 잡아 묵소. 천천히 해보소.' 목이 메서 돌아서는데 웬 남자가 30만원 주면 일주일 안에 면허증을 주겠다는 거예요. 헐! 재시험 후에 1종보통면허를 땄습니다.

국립고궁박물관에 전시된 고종황제의 어차(御車)는 영국다임러회사가 제작한 6기통으로 1911년에 들어왔습니다. 한국자동차 역사의 원년입니다. 그로부터 70여 년, 국산 자동차를 생산하면서 평범한 월급쟁이에게도 마이카 시대가 열렸습니다.

하늘색 포니2 중고차를 샀습니다. 벙글벙글 두근두근. 휠의 흙까지 칫솔로 닦고 광택을 내고나면 우리 포니2가 세상 제일 멋있는 것 같았습니다. 남편은 주말마다 초등 4, 5학년 두 아들에게 자동차의 원리를 설명하고 한강고수부지에서 핸들을 잡고 앞뒤로 움직여보게 하는 것이었습니다. 아이고, 하느님! 아이들 기분은 하늘을 찔렀죠.

자가용 여름휴가. 바리바리 짐 싸들고 산으로 바다로 다니던 거에 비할쏘냐. 일찌거니 지도 위에 목적지를 점찍으며 출발을 손꼽았습니다. 그런데 남편이 부모님 모시고 독신인 두 누이와 같이 고향도 가고 친척들도 만나고 두루 돌고 오겠다는 겁니다. 연로하시니 마지막이 될 거라면서 우린 다음에 가면 되지, 매우 간단하게 말하는 바람에 양껏 들이마신 김칫국을 게우고 싶었습니다.

여러 번 차를 바꿨지요. 실용성 사이즈 디자인 등을 숙고하였을 뿐 요즘 말하는 하차감 따위는 생각 밖이었습니다. 고등학생 두 아들 등하교용으로 남편이 내 차를 뽑아주었습니다. 흰색 소나타. 설명서도 읽어보지 않고 면허증 하나 달랑 챙겨서 시내로 나갔습니다. 무지에 의한 만용이었지요.

어둠살이 지는데 전조등을 켤 줄을 몰라서 눈에 불을 켜기도 하고요. 주유구가 어딘지 몰라서 주유원에게 어이없다는 눈길을 받기도 하고요. 하굣길에 소나기가 뚝 그치자 보닛에서 흰 연기가 나는 바람에 차를 버리고 아들 손을 잡고 줄행랑을 쳤죠, 그

꼴을 본 택시기사님이 뜨거워진 보닛이 비에 식는 중이라면서 웃더군요. 참 가관이었죠. 수십 년 운전 경력에도 보닛 속 내과는 여태 깜깜입니다. 코미디는 했어도 별 사고는 없었습니다.

 차는 가족사에 중요한 몫을 했습니다. 방방곡곡 여행은 물론 집안 대소사에도 빠지지 않았죠. 운명하신 어머님을 흰 홑이불에 감싸서 내 무릎에 모시고 성당 영안실에 갔던 일도 역사 중 하나입니다. 아들이 운전하면 희한하게 멀미도 안 난다며 좋아하셨으니 마지막 드라이브를 하신 셈입니다. 밤 2시에 남편을 태우고 수지에서 분당 서울대병원 응급실까지 8분 만에 도착하여 위기를 넘기기도 했죠. 해외에서 수천 킬로미터를 운전하면서 자동차 여행을 한 것도 역사의 꼭지들입니다.

 차에 있던 물건들을 챙기고 둘이 차에 기대어 셀카를 찍었습니다. 키를 인수자에게 건네주었습니다. 차를 다독다독. 고마워. 수고했어. 전화한 지 4일 만에 마이카가 영영 떠났습니다. 주차장이 비었습니다. '늙기'의 한 종목에 마침표를 찍은 것입니다. 서글픔을 날리려고 저녁밥상에서 와인 건배를 했습니다.

 포니2로부터 45년. 자동차는 아날로그에서 디지털로 컴퓨터로 AI로 변신을 계속 중이고 연료도 휘발유에서 전기로 탈산소로 발전하는 중이지요. 자율주행차도 무인승용차도 실용단계지요. 인공위성 덕분으로 내비게이션이 길안내를 맡고 인터넷은 세상 정보의 무한 기지 노릇을 하는 세상입니다.

 딜러에게서 카드가 왔습니다. 보낸 차의 사진 밑에 이런 글이 있었습니다.

긴 시간 함께한 내 차를 떠나보내시면서 많이 서운하셨을 거예요. 좋은 새 주인을 만나길 바라면서 마지막 추억을 돌려드립니다.

면허증을 반납 받는 창구직원이 말했습니다. '평생 다시는 발급받을 수 없는 거 아시죠?' 10만원 교통카드를 보상으로 받았습니다. 남편은 면허증을 여직 가지고 있어요. 그 심정을 알다마다요. 하지만 언젠가는 박물이 되지 않을까요.

04

ESSAY by Chung Yeon Soon
4

마음의 빚이 있습니다

가끔 뚫어져라 나를 들여다 볼 때가 있습니다. 깊은 마음 방에 그녀가 있습니다. 나는 미안해하고 그녀는 그날처럼 검고 긴 머리채로 얼굴을 반나마 가리고 소리 없이 설핏 웃습니다. 내 머리에는 서리가 내렸지만 그녀는 나이를 먹지 않습니다.

열아홉 살 겨울이었습니다. 동네 목욕탕에 갔습니다. 바가지와 대야를 챙겨들고 욕조 가장자리에 자리를 잡았습니다. 알맞게 따뜻하고 김이 자욱하고 물소리며 아이울음소리가 뒤섞였습니다. 여인들이 저마다 제 몸에 공을 들이고 있었습니다. 소란한 분위기에 아랑곳없이 나는 나대로 목욕을 즐기고 있었죠.

찬바람이 훅 끼쳤습니다. 누가 들어오는 기척이지요. 슬쩍 보아도 몸이 불편한 것을 알겠더라고요. 그녀가 자리를 잡지 못하고 쭈뼛쭈뼛 하는 겁니다. 여인들이 대야나 수건으로 자리를 넓혀 앉으며 그녀가 자기 옆에 못 오게 하는 눈치가 분명했거든요.

"이리 오세요."

그녀를 내 옆에 앉게 하고 대야와 바가지를 챙겨주었습니다. 등이 불룩하게 솟은 데다 목 아래 가슴도 등처럼 생겼어요. 딱 봐도 온몸에 땟국이 장난 아닌 거예요. 제 또래 같은데 잘 알 수 없었습니다. 욕조의 물을 퍼내는 것도 불편한 듯 했어요.

"춥죠."

말을 건네면서 물을 끼얹어 주고 대야에도 연신 물을 채워주었어요. 살짝 웃는 것 같았어요. 비누수건으로 몸을 문지르자 구정물 같은 거품이 나는 거예요. 다른 사람이 볼까봐 계속 물을 끼얹어서 거품을 흘려보냈어요. 머리를 감을 때도 그랬지요.

그녀에게서 지우개똥 같은 때가 우수수 떨어졌어요. 다른 사람이 볼세라 물로 흘려보내느라 은근히 바빴어요. 거기까지는 좋았는데 내가 등을 밀 때가 되자 마음이 마구 뒤엉키는 겁니다. 다른 사람과 품앗이를 하자니 그녀가 걸리고 그녀와 품앗이를 하자니 내키지 않고요. 다른 사람과 품앗이를 하고 따로 그녀 등을 밀어주는 것이 맞다 싶더라고요.

그런데 불룩 솟은 잔등을 만지지도 않았는데 영 이상한 촉감이 느껴지는 겁니다. 싫더라고요. 그녀에게 내 속을 들킬까봐 안절부절 못하다가 급한 일이 생각난 것처럼 벌떡 일어났죠. 너무 미안해서 미안 땜으로 내 목욕 용품을 그녀에게 밀어주었습니다.

"이거 쓰세요. 먼저 갈게요."

그녀가 내 속을 꿰뚫고 있는 것 같아 뒤통수가 찌르르 했어요. 내가 교활하다는 생각이 들었습니다. 머리로는 다시 욕탕에 들어가서 그녀를 말끔하게 씻겨주는데 발걸음은 집으로 향하고 있는 거예요. 겨울 햇볕이 등을 따뜻하게 데웠어요. 햇빛을 받을 자격이 없다는 생각이 들어서 땅만 보고 터벅거렸어요. 앞서 가는 내 그림자가 초라해보였어요.

  장애우를 보면 모두가 그녀 같아 보입니다. 편견 없이 친절하고 싶어집니다. 친절해야할 때를 놓치지 않으려고 관심을 기울입니다. 지금도 그때 생각이 나면 면목이 없고 간절해집니다. 그녀가 하느님 사랑 속에 살기를 그리고 더 말씀드립니다. 주님! 저를 불쌍히 여기소서. 자비를 베푸소서.

ESSAY by Chung Yeon Soon

4

팁

팁! 줘? 말아? 사소한 일이지만 은근히 신경 쓰이지요. 팁은 서비스에 대한 감사표시니까 주는 사람 마음이지만 관례를 무시할 수는 없습니다. 팁 문화는 나라마다 다르기는 해도 호텔 벨 보이나 룸 팁은 크게 다르지 않은 것 같습니다. 여행 중에 아침 출발을 서두르다 룸 팁을 깜박했을 때 얼마나 찜찜하던지요. 그 후로는 저녁에 미리 전화기 옆에 둡니다.

이번 네팔 그룹투어는 열여섯 명. 여자 아홉, 남자 일곱. 평균 예순세 살 쯤. 코스는 정해져 있으니 멤버와 숙소와 음식이 여행의 질을 좌우하지요. 그중 미국인 남편과 한국인 부인이 눈에 띄었습니다. 부인은 남편에게 계속 통역 중이더군요. 자연스럽게 서로에 대해 알게 되면서 대화가 다양해지고 호감이 깊어졌습니다. 일행이 모두 친절하고 예의 바른 데다 나름 여행 고수들이었습니다.

일정이 끝나는 전날 팀 중 막내가 귀엣말을 하더군요.

"가이드가 너무 고생했잖아요. 그래서 10불씩 걷어 주면 좋지 않을까 하는데 어떠세요?"

"우린 괜찮지만 내키지 않는 분이 불편하지 않아야 할 것 같은데요."

나이든 사람이라는 자각 때문에 말을 아꼈습니다.

버스에서 막내가 앞에 나가서 마이크로 같은 말을 했습니다. 전원찬성을 거의 단정하는 뉘앙스였습니다. 저런! 엎질러진 물 같아서 당황스러웠어요. 아니나 다를까. 즉시 반대 의견이 나왔어요.

그 한국인 부인이 이해할 수 없다고 말하는 것 같았습니다. 잘 들리지 않지만 옥신각신 분위기가 심상치 않았어요. 팁은 정해진 대로 1일 10불씩 여행 첫날 다 지불했는데 무슨 소리냐. 그렇긴 한데 가이드와 기사가 너무 힘들었으니까요. 그건 그 사람들이 당연히 할 일이죠. 주고 싶은 사람은 주세요. 자유죠. 그분 말고도 떨떠름 볼멘소리를 하는 분도 계시고요. 기분 좋게 밥 먹다가 돌 씹은 것처럼 분위기가 긴장되었습니다.

결국 14명이 10불씩을 내고 어느 분이 반대하는 부부 대신 20불을 채워서 주었습니다. 굳이 그래야 했을까요. 이후 그 부부는 싸늘한 안색으로 물의 기름처럼 따로 움직였습니다. 식사도 구경도 사진도 따로. 우리는 이미 왕따니까 하면서 일행과 거리를 두는 겁니다. 딱한 노릇이었어요. 친절하고 싶어서 이래저래 마음을 써도 조금 웃을 뿐 바로 눈길을 거두더군요. 다수의 압력에 화가 나고 상처를 받은 거지요.

우리 가족모임 디저트 자리에서 그 이야기를 꺼내 보았습니다. 중년 사회인과 대학생 고등학생 다양한 연령의 생각을 알고 싶어서였습니다.

그건 개인의 자유죠. 한국인은 획일적인 사고가 문제예요. 좋게 말해 '정'일 수도 있지만요. 내고 싶지 않은 사람에게는 다수의 힘으로 압박하는 폭력일 수 있어요. 개인의 자율권을 침해한 거니까요.

애초에 금액을 정하고 '다 같이' 라는 제안이 문제네요. 개인주의가 발달한 미국에서 오래 산 그 부인은 충분히 그럴 수 있죠. 굳이 모자라는 금액을 채워서까지, 이해가 안 되네요.

좀 다른 이야기지만 최근 학교에서 미팅을 주선하던 남학생이 '우리 과 여학생 정도면 예쁜 거지.' 했다가 공개사과를 했어요. 그 자리에 있던 여학생이 말한 다섯 가지 이유는요. 모멸감을 느꼈다. 나는 나다. 비교당할 이유가 없다. 성희롱이다. 스트레스를 주는 건 폭력이다. 결국 '죄송합니다. 실수했습니다.' 남학생의 공개사과로 끝났어요.

세대 차이는 현실입니다. 다 맞는 말이었습니다. 보너스 팁 제안에 좋은 게 좋다는 생각으로 동의했지만 그것은 나에게 밴 습관이었지요. 어려서부터 수해의연금이나 불우이웃돕기 같은 모금도 똑같이 정해진 대로 냈습니다. 어른이 되어서 축의금, 부의금, 위로금 등도 모임에서 정하는 대로 하고 정해진 금액의 N/1을 내기도 했지요. 다소 부담이 되어도 전체에 묻어가는 것이 안전하고 편했기 때문입니다. 모난 돌이 정 맞는다는 말도 있으니까요.

 해외 입양아들과 양부모들이 한국을 방문했을 때 여러 ME 가정이 맡아서 홈스테이 봉사를 했습니다. 출국 전날 만찬모임에서 ME부부들이 테이블 밑으로 조용히 후원금 봉투를 돌렸습니다. 어떤 권유도 사인도 없이 완전 자율에 맡겼지요. 모금된 금액에 모두 놀라워했습니다. 전달 받은 분들도 진심 고마워하였습니다. 마음이 통하는 의미 있는 기쁨이었죠.

 그런 방법이라면 액수에 관계없이 훈훈하지 않았을까요. 팁! 관례와 자유에다 한국인의 정까지 더해져서 이번에는 갈등의 불씨가 되고 말았습니다. 아무도 마음 상하지 않는 방법을 찾았어야 했는데 말입니다. 왕따를 자처하던 그 부부는 인천공항에서 인사도 없이 가버린 것 같았습니다. 이번 여행이 그들에게 씁쓸한 추억이 될 것 같아 많이 미안합니다.

ESSAY by Chung Yeon Soon

단풍잎이 말했습니다

　수녀원에서 침묵피정을 하였습니다. 뜰을 거닐다보니 십자가의 길로 오르는 입구에 빨갛게 물든 단풍나무가 있었습니다. 저녁햇살을 받아 바람을 들이쉬는 빨강색 잎들이 눈이 부시게 고왔어요. 절정의 단풍이 꽃보다 아름답다는 말이 실감나더라고요.
　기도와 묵상과 침묵하는 시간은 깊고도 투명하게 느껴졌습니다. 하느님께 내 속을 열어 말씀드리고 잘 들으려고 마음을 모았습니다. 나 자신과 깊은 대화를 나누면서 나를 있는 그대로 바라보았습니다. 정신에 촛불이 밝혀졌습니다. 교만 변명 열등감 상처 후회 그 모든 것에도 불구하고 나의 통회와 기도를 기다려주시는 하느님의 자비와 사랑이 사무치게 감사해서 울었습니다. 뜨겁게 울고나니 새처럼 가벼워졌습니다. 생수 한 잔이 목을 넘어가면서 내는 소리가 몸 전체에 공명을 일으키는 것이 들렸습니다. 침묵은 집중을 지속할 수 있는 가장 좋은 방법임을 체험하였습니다.
　입을 다물어보니 알겠더군요. 입으로 짓는 죄가 실로 만만치 않은 것 같았습니다. 생각 없이 뱉는 한마디가 상처가 되고 절망이 되는가 하면 사랑의 말 한마디가 희망과 위로가 되고 격려와 치유가 되기도 하니까요. 말은 마음의 거울이라고 하지요. 말에 진심과 친절과 배려 온유와 사랑을 실을 수 있도록 말을 다듬고 혀를 다스리고 싶습니다.

새벽에 묵주를 쥐고 가만히 뜰로 나갔습니다. 십자가의 길로 가다가 단풍잎을 주웠습니다. 이슬에 흠뻑 젖었더군요. 손에 들고 보니 흠이 있어서 훌쩍 던지고 다시 주워보니 벌레가 먹어서 버렸습니다. 지천으로 흩어져 있으니 아깝다는 생각은 들지 않았습니다. 의외로 온전한 잎은 드물었습니다.

쉽게 줍고 미련없이 던지고 하다가 문득 생각했습니다. 온전치 못한 잎일수록 낙엽이 되기까지 얼마나 곤경을 겪었을까. 봄날 새움 때부터 신록을 지나 단풍이 드는 과정은 인생살이와 다르지 않겠지요. 저마다의 십자가를 지고 사는 것이 보편적인 삶인 것처럼요. 전에는 온전치 않다고 거들떠보지도 않았던, 쓰레기나 다름없는 단풍잎들이 조근조근 이야기합니다. 내 곤경의 날들을 떠올리며(시편59,17) 귀를 기울였습니다.

구멍이 숭숭 난 붉은 잎이 하소연합니다. 지하철 입구에서 전단지를 내 손에 쥐어주던 한 어머니를 닮았습니다. 이런 아이 보았느냐고, 보거든 연락달라고, 후사하겠다면서요. 어쩌다 잃어버린 어린 자식의 사진은 네 살배기 여자아이였지요.

살점은 거덜 나고 흰 잎맥만 앙상한 낙엽이 말합니다. 주고, 주고 다 주고 어혈마저 짜서 어린 두 손자를 거두었던 어느 할머니의 주검이라고요. 굽은 허리로 리어카를 끌며 폐지를 줍고 노점에서 파를 까거나 총각무를 다듬던 할머니는 손톱이 다 닳아버렸지요.

두 손가락만 있는 잎도 있네요. 코리안 드림을 안고 한국에 온 외국인 노동자의 좌절일까요? 독거노인의 얼굴처럼 검버섯이 잔뜩 핀 것도 있고 가난한 가장의 신발처럼 밟혀서 으깨진 것도 있어요.

행복을 내 것으로 가져본 적이 없었다고 상처 난 단풍잎들이 말하는 것 같았어요. 그들에게 무엇이 위로가 되었을까요? 내 앞가림 내 식구만 생각하면서 살아온 것이 부끄럽습니다. 최선을 다했다고, 열심히 살았다고 자부한 적도 있으니까요. 제 생각이 짧았습니다.

온전한 단풍잎 한 장을 주웠습니다. 색도 모양도 참 예쁩니다. 예쁘기는 한데 왠지 종이인형 같아요. 왜 그럴까요? 희망 끝에 절망을 겪어본 사람과 혼자 울어본 사람과 감사하며 기도하는 사람을 사랑하고 싶어서 일지도 모릅니다. 인생은 살고 가면 그만인 것이 아니라 언제까지나 살며 있는 것 아닐는지요.

피정이 시작되기 전에 처음 만난 자매님이 절더러 어려움을 모르고 산 것 같다며 편안해 보인다고 덕담을 주셨습니다. 좋게 봐주셔서 고맙다는 말을 하는데 뭉클하더군요. 그렇게 보인다면 그건 순전히 주님의 그 빙그레 덕분이거든요. 주님의 빙그레는 무한한 사랑이고 자비이며 기다려주심이고 다독임이었으니까요.

이 담에 주님 앞에 서면 저마다 살아 온 내력이 다 드러난다고 하지요. 그때는 무엇이든 다 아시는 주님께서 망가지고 부서진 단풍잎들을 빙그레 연민으로 보듬어 주시겠지요. 아픔을 겪었던 단풍잎들을 공책갈피에 얌전하게 넣어 두었습니다. 귀를 기울이면 언제든 여러 삶의 길을 들을 수 있을 테니까요. 그러면 현재를 감사하고 누군가를 더 사랑하고 싶어질 것 같습니다.

ESSAY by Chung Yeon Soon
4

신장개업 엄마네 이발소

아이들 아기 때 엄마네 이발소를 차렸습니다. 울산 외곽의 사택에 살았기 때문에 이발소 가는 일이 쉽지 않다는 건 핑계고 절약이 먼저였지요. 솜씨는 없지만 친절본위에다 약간의 압력도 기술이었죠.

결과는 마음 같지 않았지만 작품이 도토리 같아도 밤톨 같아도 깨알재미였어요. 아이들은 나가서 노는 것만 급해서 거울도 보지 않고 보자기를 둘러매고 배트매~ㄴ~~ 하면서 날아다녔습니다. 머리카락이 자라는 물건이라 얼마나 다행인지요.

큰 아이가 초등학생이 되어서 받아 온 사회시험지를 지금도 기억하고 있습니다.

우리 동네에 있는 것에 ○표하기
1. 이발소(   ) 목욕탕(   ) 병원(○) 시장(○)
맞는 것에 ○표하기
1. 목욕탕에서 뛰어다닌다.(○)

2. 목욕탕에서 장난감을 가지고 논다.(○)

3. 목욕탕에서 큰 소리로 노래를 부른다.(○)

웃느라 눈물이 찔끔했어요. 선생님도 박장대소. 사택에도 학교에도 소문이 짜하게 났지요. 그것은 앎의 문제가 아니라 경험의 문제였죠. 엄마네 이발소는 문을 닫고 아이는 아빠를 따라 동네 이발소에 가고 대중탕에 다녔습니다.

코비드19. 예상과 다르게 3년이나 견뎌야 했지요.

"미용실 가기도 무섭네."

"그렇지. 이발소 가기도 그래. 우린 고위험군이니까."

이참에 이발소를 차려볼까 싶더라고요. 머리카락이래야 다 빠지고 한 모숨도 남지 않았으니 어렵지 않을 것 같았죠. 최고급 인력이 단 한 사람의 고객을 위하여 맞춤서비스를 할 거라는 둥, 무엇보다 완벽한 방역 보장에 요금도 팁도 무료라고 홍보를 했죠.

어떻게 버티겠습니까? 마눌님 이발소에 가볼까. 그리하여 반세기 남짓 폐업했던 엄마네 이발소가 마눌님 이발소로 신장개업을 하게 된 겁니다. 화장실에 의자를 놓았죠. 겉옷을 벗는 그의 동작이 매우 굼뜨지만 다그치지 않았죠. 친절이란 상대방을 배려하는 거니까요. 단골도 만들어야 하고요.

그가 보챕니다. 잘 되고 있어? 아이구, 허리야. 아직 멀었어? 너무 짧게 하지 마. 돋보기 너머로 아주 조금씩 빗고 자르고 확인하고, 또 빗고 자르고 확인하느라 완전 집중, 진땀이 났습니다.

"손님 조금만 참아요. 월계관이 그리 쉽게 만들어집니까?

"월계관? 뭔 소리야?"

"반세기 수고하신 가장에게 드리는 영광."

"머리 한 번 잘라주고 별 소리 다 하네. 빨리 끝내기나 하셔. 허리 아파."

그는 매의 눈으로 거울 속을 이리 보고 저리 살펴요. 그런대로 괜찮은지 '수고했어' 한 마디로 퉁 칩니다. 마눌님은 그제야 휴 허리를 폈습니다.

그의 머리에 눈길이 자주 갑니다. 저 눈부신 머리?! 언제 다 사라져버렸을까? 1세기 생존을 바라보는 현역 가장의 훈장이거나 유전이거나 그게 뭐 그리 대수겠습니까? 그는 사철 모자를 씁니다. 순리지만 애잔합니다.

08

ESSAY by Chung Yeon Soon

4

내 주먹을 믿어야지

    고집 세기로 소문난 남자가 있었습니다. 신의를 지키고 정직하고 인정 많기로도 유명하고요. 성질이 급해서 번갯불에 콩 구워 먹기 일쑤지만 가난한 사람을 도와주는 데도 앞장섰지요. 통이 커서 돼지 한 마리, 닭 몇 마리 잡는 건 그리 대단하게 여기지 않는 것 같았어요. 그러자니 아내는 얼마나 힘들었겠습니까?

    알뜰하기로도 첫손에 꼽혔죠. 엄지에 꼽히는 주당이지만 술집 출입은 아예 하지 않았어요. 선생님이라서 그렇다기보다 낭비라고 생각하지 않았을까요. 손수 안주를 만들어서 집에서 혼술을 즐겼어요. 보통 말하는 '술이 세다'는 주량을 훨씬 넘었죠.

    계절 좋을 때는 마음 맞는 사람 두엇 불러서 평상에서 밤늦도록 주거니 받거니 하는 걸 좋아했어요. 고기 안주는 직접 만들기도 하지만 그의 아내는 싫은 소리 없이 묵묵히 뒷바라지를 다 했으니까요. 속사정을 아는 지인들은 동네 입구에 열녀비를 세워야 한다고 입을 모았지요.

    부모 형제 가족에 대한 책임감과 도리는 본받을 만 했어요. 유산으로 받은 것을 실패한 형제에게 나누어 주기도 했으니까요. 바른생활 사나이지만 운전할 때는 예외였죠. 캔맥주를 마셔가며 이 정도는 괜찮다고 우기는 겁니다. 자신은 상남자인줄 알지만 그쯤 되면 독선 아닌가요?

 종교 이야기만 나오면 주먹을 쥐어 보이며 내 주먹을 믿어야지 믿긴 뭘 믿어. 다 소용없어. 그래도 아내와 딸이 세례 받을 때 반대하지 않아서 고마웠습니다. 딸 사위 관면 혼배도 허락하고 사위랑 손자손녀가 세례 받을 때도 모른 척 해줘서 다행이다 싶었어요. 그래 좀 누그러졌나 해서 운을 띄워보면 여전히 주먹만 흔들어요.

 "믿긴 뭘 믿어. 내 주먹이 최고지. 이 나이에 뭘."

 지금은 부부가 다 떠났습니다. 기세에 눌려 더 간곡하지 못했던 것이 후회스럽습니다. 더 자주 더 진실하게 하느님을 말해야 했는데 넘을 수 없는 벽이라 체념했으니까요. 기도가 부족했습니다. 사랑이 턱없이 모자랐습니다. 이제는 영영 두드릴 문이 없어졌습니다.

09

ESSAY by Chung Yeon Soon

4

딸 키우는 재미??

언니는 여든 일곱입니다. 오빠 돌아가시고 그냥 그 집에 혼자 사셨습니다. 초등학교 교장선생님이셨어요. 치매진단 받은 지 3년 쯤 되었죠. 도우미와 방문 요양사와 자식들이 오며가며 수발을 들었습니다. 아슬아슬하지만 손자 손녀 결혼식도 참석하셨습니다.

언니의 며느리 베르디아나가 힘겹게 앓다가 지난해에 선종했습니다. 홀로 된 아들이 날마다 어머니 집으로 퇴근을 하고 주말에는 어머니 집에 자면서 돌보았습니다. 그러다 결심을 한 겁니다. 직장에 사표를 내고 자기 집은 세를 들이고 어머니 집으로 들어갔습니다. 좋은 직장을 그만 두기가 그리 간단했을까요?

조카는 카톡으로 글도 사진도 동영상도 일기처럼 보내줍니다. 어머니의 애칭은 마미입니다.

아침에 마미 목욕 시켜드리고 옷 세탁하고 밥 먹고 11시 피아노 선생님 오고 2시에 요양사 와서 나는 헬스장으로. 30분 웨이

트하고 비행기 자세하다가 잠들어버려서 40분이나 자고 왔습니다. 마미 모셔야 하는데 체력이 문제네요. 고모.

 사범학교 동기 친구 수녀님이 계신 포천 분도 마을에 왔습니다. 1년 만에 회포를 푸시고 셋이 손잡고 교가도 부르고 보리밭도 부르고 완전 신이 났습니다. 동영상 보시면 마미 목소리가 제일 커요.

 저녁 차렸다고 하니 일어나서 구피 어항 감상하고 ~ 춤추면서 식탁으로 이동~ ㅎㅎㅎ. 이게 딸 키우는 재미?? ㅋㅋㅋ.
 ㅎㅎ고모~ 마미 음악시간 난 딸 자랑 대신 마미 노래자랑

 단골 음식점에서 외식을 하고 카페에서 차도 마시고 좋아하는 수필을 읽어 드립니다. 노래방도 갑니다. 언니는 지팡이를 짚었을망정 몸에 밴 멋가락으로 둥싯둥싯 기분을 냅니다. 아들의 추임새가 고수의 북장단처럼 흥을 돋웁니다. 동영상에는 칭찬도 응원도 조명처럼 번쩍번쩍 합니다.
 언니는 명랑소녀가 된 것 같습니다. 초록색을 좋아하는 언니는 헤어밴드며 브로치며 꽃모자며 소녀처럼 꾸미는 걸 좋아합니다. 사진 찍을 때마다 두 손으로 꽃받침을 하고 예쁘게 웃습니다. 언니는 행복한 꽃입니다.

 마미 목욕 후 낮잠 모드.

마미 저녁 먹고 바느질 모드 돌입.

마미 입교식하고 예비자 교리반 첫 시간 출발합니다. 12월22일 세례식입니다.

마미 성경필사 시작 저랑 경쟁심이 불타는 듯.

사진에 보이는 글씨는 선생님 시절 그대로 신명궁서체입니다. 언니는 평생 불교신자, 아들은 천주교 신자였어요. 언니를 위해 오래 기도하던 터라 입교 소식에 너무 기쁘고 감사해서 몇 번이나 성호를 올렸는지 모르겠어요. 예비자 교리실 책상에서 찍은 셀카 속에 언니와 조카가 웃고 있습니다.

2024년 12월22일 평촌성당 주일미사에서 언니가 마리아 본명으로 세례를 받았습니다. 한복을 곱게 차려 입은 얼굴이 아이처럼 해맑았습니다. 예식을 하는 동안 조카가 줄곧 에스코트를 했습니다. 하얀 미사포를 쓰고 영성체를 하는 모습이 참 감격스러웠습니다.

멀리 포천 베네딕도 수녀원에 계시는 사범학교 동기친구 두 분 수녀님과 다른 친구 한 분도 함께 해주셨습니다. 아흔을 바라보는 연세에 저토록 한결같은 기도와 우정을 나누는 친구가 있으니 언니는 얼마나 행복할까요. 마태오복음 필사를 완성한 노트와 개근상을 품에 안은 언니는 마냥 즐거워했습니다. 모두가 아름답고 감사한 날이었습니다.

ESSAY by Chung Yeon Soon
4

향기 가득한 길

이 길은 인천대공원에서 장수천을 따라 소래포구로 이어집니다. '향기 가득한 길'이라는 작은 안내판이 있지요. 걷거나 자전거를 타고 즐기는 사람들이 많습니다. 요즘은 맨발걷기도 많이 하지요.

가까운 곳에 이승훈 베드로 성인 역사공원이 있습니다. 이승훈 베드로 성인은 1784년 베이징에서 세례를 받은 한국 최초의 영세자로 우리나라 천주교신앙공동체를 형성시킨 주역이지요. 1801년 신유박해 때 순교하셔서 이곳 장수동 선산에 묻히셨습니다. 선산인 만큼 순교하신 아들과 조카도 같은 묘역에 계십니다. 묘역 아래 기념 성당과 기념관이 있어 미사를 드릴 수 있지요. 십자가의 길을 따라 오르다보면 묘소에 참배를 할 수도 있습니다. 인천대공원역에서 만수역까지는 이승훈 베드로 길로 명명되었습니다.

성지순례를 마치고 '향기 가득한 길'에 들어서면 계절의 전령사들이 줄을 섰어요. 얼음이 풀리고 생강꽃과 산수유가 깨어나고 나무도 풀도 새움이 트지요. 아름드리 벚나무가 꽃구름을 피워낼 즈음에는 색색의 상춘객도 구름처럼 모여들고요. 맑은 날도 좋지만 달밤의 운치도 그윽하지요.

걷다보면 아! 벌써 할 때가 있습니다. 해당화가 웃기 시작하는 겁니다. 실바람에도 몸을 흔들며 살갑게 반깁니다. 아련한 분홍 꽃잎 가운데 금빛 꽃술을 세우고 있는 자태는 부끄러운 그리움이라고 할까요. 깊은 그리움을 품어서 향기가 그리 멀리 가는지도 모르겠습니다. 코로 눈으로 해당화를 쓰다듬다보면 걸음이 느려질 수밖에요.

쏘는 듯 상큼한 향기가 반깁니다. 찔레가 작심한 듯 젖니처럼 하얀 꽃을 피워내고 있어요. 저렇듯 온 몸에 가시를 세우고 있으니 얼마나 외롭겠어요. 한 성깔 할 것 같아요. 뿌리 내릴 곳도 살아가는 법도 옹고집인 찔레의 야생성을 봅니다. 꿀벌들이 머리를 박고 꿀을 땁니다. 가는 봄날이 아쉬운 짧은 정분이지요.

이팝꽃이나 아카시꽃은 키가 훤칠해서 저 높은 데서 길을 내려다봅니다. 발치에서 올라오는 향기를 마을로 날려 보내느라 흰 꽃술을 흔들어 대지요. 치어리더처럼요. 이팝 이밥 흰쌀밥 하다보면 보릿고개의 굶주림이 생각나고 마음이 짠해지지요. 요즘 아이들에게는 전설이겠지만요.

봄의 연지(蓮池)는 물이 일렁거려요. 여름이 제철이니까요. 지금쯤 연은 물속에서 어지간히 열심일 겁니다. 하늘을 향하여 꽃을 피우기 위해 까치발을 딛고 허리를 뽑아 올리겠지요. 뿌리는 꽃을 피워내는 힘이니까요. 다음 달에는 물위로 새 잎이 보이고 우아한

꽃이 피어날 것입니다. 저는 연꽃을 철학자라고 부르죠. 오늘은 꽃을 볼 수 없으니 저의 졸시 '겨울 연지'를 읊어 볼까 봐요.

 연지에 눈이 내리네/흔들릴 것도 없는 오체투지 위에/눈이 쌓이네//어디에도 초록 한 점 없네/꽃일 때 다정하던 친구들 소식 하나 없네/ 잊어서가 아니야/ 우리는 어둠에서도 빛을 보지/ 저 뜨거운 눈길을 건너는 중인거야//개흙밭에 묻은 뿌리 지금도 한 몸일까/보이지 않는 건 믿어야 있는 것/보지 않고도 믿는 것은 지복이지/세상의 꽃받침이 되는 일은//봄도 희망도 그래야 오지/생명이니까/봄이 멀다고 뿌리가 없을 리야//눈이 내리네/하염없이 내리네

 길 끝에서 벤치에 앉아 물을 마시고 느긋하게 쉽니다. 피로가 달콤합니다. 그의 눈빛이 거울 같습니다. 거울 속에 내 얼굴이 있습니다. 익숙한 웃음꽃입니다. 주님 오늘을 주셔서 감사합니다. 건강한 오감과 튼실한 다리와 당신을 사랑하는 마음을 주셔서 감사 합니다. 나란히 걷는 남편을 주셔서 정말 감사합니다.
 인생길은 선교여행이라는 생각을 합니다. 저의 인생길이 '향기 가득한 길'이 되기를 소망합니다.

ESSAY by Chung Yeon Soon

전철에서

집에서 전철로 서울 가려면 짧아도 두 시간 이상 걸립니다. 만남장소와 전철시간을 확인하고 정확하게 집을 나서지요. 저는 경로석 승객입니다. 집을 나설 때부터 드리던 묵주기도를 마무리하고 책이나 음악이나 원고에 집중합니다. 나름의 노하우가 있어서 피로하긴 해도 지루하지는 않아요. 전철에서는 의외로 집중이 잘 되니까요.

전철에서는 별별 상황을 다 겪지요. 큰 소리로 통화하시는 건 귀가 잘 안 들려서 그러려니, 옆 사람과 계속 이야기하는 것은 말벗이 없어 그러려니 다 좋게 이해하려고 합니다. 술냄새나 악취가 지독하면 슬그머니 다른 칸으로 피합니다. 사람구경도 하고 글감을 건지기도 하고요.

오늘은 전철이 한산해서 좋다 싶었는데 방금 타신 남자 노인이 건너편에서 쿵 엉덩방아를 찧는 겁니다. 자리에 앉으려다가 미끄러지셨나 봅니다. 순간 바닥에 오줌이 흥건하고 목이 앞으로 꺾인 채로 정신을 잃으신 것 같았습니다. 손수건과 휴지를 있는 대로 다 오줌 위에 던지고 비상전화로 운전자에게 상황과 열차번호를 말했습니다.

　안내방송이 나왔습니다.

　환자가 발생하여 다음 정차역에서 잠시 기다리겠습니다.

　다음 역에 대기하고 있던 구급대원이 이송장비를 가지고 와서 어르신을 모시고 나가고 다른 대원은 현장을 깨끗이 닦고 탈취제까지 뿌리고 내리더군요. 전철 운행에 차질이 없을 정도로 짧은 시간에 처리가 끝났습니다. 아 대한민국! 저절로 감탄이 터지더군요.
　전철은 정상운행. 피로가 덮치면서 눈이 감겼습니다. 감긴 눈에 방금 겪은 상황이 동영상으로 보이는 겁니다. 어떡해. 어떡해. 쓰러지셨어. 가방 속에서 휴지를 꺼내 오줌에 던져서 번지지 않게 하는 여자 노인 둘. 보고만 있는 남자 노인 셋. 여전히 핸드폰에 눈을 박고 있는 일반석의 승객들. 빠르고 정확한 구급대원들의 움직임. 여기까지는 다큐였습니다.
　생각이 꼬리를 물고 일어났습니다. 응급상황을 알리는 일은 젊은이가 나보다 잽싸지 않을까. 여전히 핸드폰에 눈을 박고 있는 대부분의 승객들이 공연히 서운하더라고요. 야속하데요. 그럴 때 남자 노인들은 말짱 허수아비 같았어요. 그저 멀뚱. 노인은 밤새 안녕이라는데 상태는 어떤지. 그 노인 세상 마칠 준비는 잘 해놓으셨을까. 전철은 여전히 힘차게 달리고 저는 부질없는 생각에 빠졌습니다.

ESSAY by Chung Yeon Soon

약손 친구

　초등학교 친구 영옥이는 결혼을 하고 해녀가 되었습니다. 지금은 동해남부선 전철이 지나는 바닷가에 삽니다. 문밖이 백사장이고 눈길 닿는 곳이 수평선인 작은 집에서 혼자 휠체어를 타고 지냅니다. 허리 다리 무릎 안 아픈 데가 없다네요. 전화통화가 병문안인 셈입니다.

　영옥이는 초등학교 때 비쩍 마르고 병약한 나를 늘 돌보아 줬습니다. 코피가 나면 목을 뒤로 젖히게 하고 한 손으로 코를 잡고 다른 손으로 찬물 한 움큼을 이마에 바르고 척척 두드려요. 두 번 세 번. 이제 됐을 거다. 코를 조심스레 놓아줍니다. 신통하게 코피가 멎는 거예요. 봐라, 내 손이 약손이지. 언니 같았어요. 실은 나이도 두어 살 더 먹었죠.

　시집을 얄궂은 데 와가지고 평생 배타고 고기 잡았지. 그것 가지고 횟집도 했잖아. 물 때 맞춰서 물질도 했지. 전복 성게 소라 미역 톳 우무가사리 돈 되는 건 다 했다. 일이 몸서리나더라. 시

조모 시부모 모시고 아이 셋 대학 시키고 시집 장가 다 보냈지. 그래도 아이들은 저 혼자 큰 줄 알아.

몸이 아파서 물질 그만 두고 내 할 일 다 했는가, 끝인가 했더니 영감 병수발이 남았더라. 몇 년을 날 골탕 먹이고 나서 떠나대. 인제 나한테 남은 건 병뿐이라. 인생 참!

한 번 오너라. 와서 바다도 보고 한 이틀 자고 가거라. 먹을 것도 네가 해먹어야 된다. 내가 이 몸으로 뭘 하겠노. 아무 것도 못해준다. 먹을 거 택배 그만 보내도 된다. 네 책이나 있으면 보내줘. 돋보기 끼고 네 책은 꼭 다 읽는다. 한 자도 안 빼고 다 읽는다.

너는 성당 다닌다며? 좋겠다. 우리 여기는 성당 그런 거 없다. 어디 있는 지도 모른다. 기장읍내 가면 있을라나 몰라.

나도 거의 외우는 이야기지만 듣다보면 친구 얼굴이 점점 환해지는 걸 느낍니다. 고향 사투리 그대로여서 방언채집을 해 두어도 좋을 듯합니다. 다음 통화부터는 녹음기능을 눌러야겠어요.

오늘은 억울해서 못 죽겠다며 속엣말을 합니다. 당뇨 합병증으로 발에 이상이 생겨 입원중이랍니다. 일생 가족의 배경 혹은 울타리였다가 마침내 주인공이 된 영옥이가 한탄을 하네요. 가족에게 아낌없이 자신을 갈아 넣었더니 이 모양이라고요.

다리 성할 때 하고 싶은 것 하고 가고 싶은 데 다 가라고 당부를 합니다. 수갑만 안 찼지 감옥살이라면서요. 효성스런 딸이 있지만 지금 인생의 무대에는 영옥이 혼자입니다. 배경도 풍경도 없이 말입니다. 무슨 말이 위로가 될까요?

얼마 전에는 다시마를 부쳐왔는데요. 그런 다시마 처음 봤네요. 얼마나 넓적하고 두껍고 긴지 어쩔 줄 몰라서 전화부터 했죠.

"여기가 다시마 곳이잖아. 전화만 하면 다 된다. 가위로 잘라서 항아리에 넣어두면 몇 년이고 괜찮다. 다시마가 몸에 좋다. 많이 먹어라."

영옥이는 하느님께 나아갈 기회가 없었던 것 같습니다. 바다를 바라보며 용왕님께 소망을 빌었겠지요. 영옥이는 펠리컨이었다는 생각을 합니다. 누구에게나 약손이 되어주었지만 지금 그녀는 병원침대에 덩그러니 혼자입니다. 하느님과 함께라면 얼마나 좋을까요? 고작해야 전화만 하는 것이 너무 미안합니다.

모든 것을 아시는 하느님! 영옥이에게 자비를 베푸소서.

ESSAY by Chung Yeon Soon

새해 복 많이 받으세요

어김없이 새해가 왔습니다. 한 해를 마무리 하느라 다들 분주합니다. 만나서 평소보다 조금 고급진 밥을 먹고 감사 인사를 하고 덕담을 건네며 헤어집니다. 그렇게 송년모임 몇 개를 치르고 나면 덜컥 그믐 밤, 몇 시간 자고나면 사방이 밝아 옵니다. 성호를 올리고 잠시 묵상을 하고 침대를 빠져 나옵니다.

뿌듯하고 감사하고 감동이 밀려옵니다. 아무것도 한 것 없이 그야말로 공짜로 그저 받기만 하는 무량한 사랑에 감격합니다. 이 날까지 받은 하루들, 해 달 별 바람 구름 꽃 열매 공기 등등 꼽아보면 기가 막힙니다. 새해에도 그 많은 것들을 또 받을 것입니다. 그것 자체로 복이라는 생각을 합니다. 새해 복 많이 받으세요. 그 위에 덤을 듬뿍 더 받으시라고 덕담을 하는 것이지요. 참 좋은 말입니다. 무얼 더 바라겠습니까?

그런데 가끔 영혼 없는, 의례적인 말로 들릴 때가 있습니다. 심지어 안 들은 것만 못할 때도 있습니다. 내 말이 누군가에게 그런 느낌을 줄까 조심합니다. 순간이지만 진심을 다하여 복을 빌어줍니다. (마태오10,13) 카톡에는 퍼 나른 카드들이 쏟아집니다. 비슷한 그림과 말이 찍혀있습니다. 그마나 나를 기억해준 분에게 감사합니다.

문방구에 가서 성탄카드나 연하장을 고르는 사람들 모습이 송년 풍경의 하나이던 시절이 있었죠. 경쾌한 캐럴송을 들으며 발걸음이 가벼웠지요. 펜을 들고 받을 사람을 떠올리며 정성들여 덕담을 쓰고 봉투에 넣고 봉했지요. 그걸 들고 우체국으로 갈 때 가슴에 차오르던 즐거움을 기억합니다.

손편지를 쓰는 마음으로 핸드폰 자판을 두드립니다. 젊은이처럼 빠르지 않아서 꼭꼭 눌러쓰는 기분입니다. 받을 사람과 그의 가족을 떠올립니다. 다시 건강해지기를, 아이들이 잘 자라기를, 사랑하는 사람을 만나기를, 가게에 손님이 줄서기를, 노환 중이신 부모님이 고통 없기를, 부모님 모시기에 지치지 않기를, 좋은 글 부지런히 쓰기를, 새 생명이 수태되기를, 고3 용감하고 우뚝하기를……. 올해도 참 여러 가지 은혜를 빌었습니다. 시간이 걸리지만 감사한 일입니다.

1월1일 오늘 미사는 복되신 동정마리아 대축일 미사로 봉헌되었습니다. 희망차고 복된 인사로 서로 축복하였습니다.

새해 복 많이 받으세요.